55のケーススタディでわかる

テナント賃料
増減額請求の
手引き

弁護士 永岡秀一　奥原靖裕 著

税務経理協会

はじめに

　本書は、テナント物件の賃料増減額事件の依頼を受けた若手弁護士、不動産賃貸業を手がける事業者・オーナーの方々を主な読者と想定して、賃料増減額の任意交渉から法的手続、賃料増減額確定後の処理までを整理するとともに、対応に当たって不可欠となる不動産鑑定評価のポイントを整理したものです。

　筆者らはいずれも不動産案件を専門とする弁護士であり、不動産賃貸借に関する相談を日常的に受けていますが、その中でも比較的多いのが、テナント物件の賃料増減額の対応です。借地借家法32条1項は、当事者間で当初取り決めた建物の賃料が事後的に不相当となった場合に、賃貸借契約の相手方当事者に対する一方的な意思表示により賃料の増減額を請求できる権利を定めています。もっとも、実務上は賃料増減額請求権行使の要件を十分に踏まえないまま対応されてしまっているケースも少なくなく、また、どのように進めればよいか分からないという相談も多く寄せられています。

　本書では、こうした筆者らの対応経験を踏まえ、さらには参考になりそうな過去の裁判例も精査した上で、実務対応に当たり必要かつ有用と考えられるポイントを計55個のケーススタディの形でとりまとめました。至らない点もあろうかと存じますが、本書がテナント賃貸事業に関わる多くの皆様のお役に立つものとなれば誠に幸いです。

　最後に、株式会社税務経理協会・編集部の中村謙一氏におかれましては、本書の企画から刊行に至るまで的確にお導きいただきました。この場を借りて深謝申し上げます。

2022 年 8 月

弁護士　永岡　秀一

弁護士　奥原　靖裕

CONTENTS

はじめに

第1章　賃料増減額請求権とは

第2章　賃料増減額の実現方法

第3章　不動産鑑定評価書の基礎

第1章 賃料増減額請求権とは

第2章 賃料増減額の実現方法

第3章　不動産鑑定評価書の基礎

第 **1** 章

賃料増減額請求権とは

1 どのような場合に賃料増減額請求が認められるか

1 賃料が「不相当となったとき」とは

Q1

当社は、契約時に賃貸人の求めに応じて周辺相場よりも割高な賃料額で、店舗の賃貸借契約を締結しました。しかしながら、当初想定していたよりも当該店舗の売上が上がらず、割高な賃料が経営の重荷になっています。この場合に、一定期間が経過した後であれば借地借家法に基づく賃料減額請求をすることができますか。

(1) 借地借家法 32 条に基づく賃料増減額請求権

契約当事者はお互いに取り決めた契約条件を守る義務があります。しかし、物の売買のような一回的契約とは異なり、賃貸借契約は、賃借物件の使用を続けている限り契約関係が継続するという特質を有します。物によっては十数年、あるいは数十年続く場合もあるでしょう。そのため、当事者間で当初取り決めた賃料額が、その後の経済事情や社会情勢の変動により事後的に不相当となり、当初の合意の拘束力を及ぼし続けることが当事者間で不公平になったり、当事者の意思に反したりすることがあります。

そうした場合に備えて、借地借家法 32 条 1 項は、建物の賃貸借契約の一方当事者が相手方当事者への一方的な意思表示により、従前取り決めた賃料額の増減を請求できる権利を定めています。

32条1項本文

　建物の借賃が、土地若しくは建物に対する租税その他の負担の増減により、土地若しくは建物の価格の上昇若しくは低下その他の経済事情の変動により、又は近傍同種の建物の借賃に比較して不相当となったときは、契約の条件にかかわらず、当事者は、将来に向かって建物の借賃の額の増減を請求することができる。

　なお、借地借家法では、建物賃借物の対価について上記のとおり「借賃」との用語が用いられており、かつては民法上もそのような用語が用いられていました。しかし、民法については平成16年のいわゆる現代語化の改正により「賃料」と改められており、一般的にも「賃料」の用語が用いられていますので、本書では「賃料」と呼ぶこととします。また、賃料の中でも建物の利用対価を「家賃」と呼ぶことがありますが、本書は建物賃貸借のみを対象とするため、「賃料」の用語を用いることとします。

　借地借家法32条1項がこうした賃料増減請求を認める趣旨は「事情変更の法理」にあります。

　「事情変更の法理」とは、契約締結時に前提とされた事情がその後大きく変化し、契約の拘束力を及ぼすことが当事者間の公平に反する結果となる場合に、契約の解除や契約の改定を認める法原理をいいます。もっとも、契約条件の変更がそう簡単に認められては、社会経済活動にも支障が生じてしまうため、実務上、一般的な契約関係での「事情変更の法理」の適用は極めて限定的に解されています。

　これに対し、借地借家法32条1項に定める賃料増減請求は、上記のような賃貸借契約の継続的性質から、実務上も広く行使されており、裁判でも広く認められています。

(2)　賃料増減額請求権の行使要件

　賃料増減額請求権は、上記のとおり事情変更の法理を基礎とするものですので、これを行使するためには、「直近合意時点」以降の「事情変更」により賃料が不相当になっていることが必要となります（大阪高判昭和58年5月10日判タ500号164頁）。

　例えば、もとから周辺相場に比して割高な賃料額で合意している場合には、事後的にそれが周辺相場に比して割高であるとして賃料減額請求権を行使することはできません。自ら合意した以上これに拘束されるのは当然であって、「事情変更」によって事後的に割高になっているわけではないためです。この点について、例えば広島地判平成22年4月22日金商1346号59頁は、「賃料増減額の請求は、賃貸借契約が締結された後に約定賃料の前提となる事情について変更があった場合に限りすることができ、賃料決定の当初から賃料が不相当であったとしてもそれのみでは賃料増減額請求の理由とはならないと解される（仮に従前の賃料が不相当であったという理由で大幅な賃料増額ができるとすれば、賃貸人はあえて安価な賃料を設定することで賃借人を誘引し、長期間の契約を締結させ、その後賃料を増額することによって、賃借人から予期せぬ多大な賃料を長期間にわたり回収できることとなる）」と説示しています。

　また、「事情変更」の有無は、「直近合意時点」、すなわち当事者間で最後に賃料額を合意した時点を基準に判断します。そのため、例えば、契約締結後の経済事情や社会情勢の変動により賃料額が割高になっていても、契約更新などの際にお互い協議して賃料額を維持することを合意してしまった場合には、今度はこの契約更新時点が「直近合意時点」となり、「事情変更」の有無もこの契約更新時点にあるかどうかが判断されることになります。

　賃料減額の請求権は、まずは、当事者間で約束した事項は守らなければ

ならないという大原則があり、その上で、当該約束をした時点からの事情変更があり、かつ、その他の要件を満たす場合に限って認められるというに過ぎません。

(3)　一定期間の経過が必要か

　賃料増減額請求権を行使するための要件として、「直近合意時点」以降に一定期間が経過していることは必要かという論点があります。

　賃料増減額請求権を行使するための要件として「事情変更」を求める以上、そうした「事情変更」が生ずるのに必要なだけの時間経過は当然必要となります。ここでの問題意識は、例えば契約直後に経済事情の劇的な変動が生じたような場合に、たとえそれが「事情変更」として認められるとしても、合意してから一定期間が経過しなければ賃料増減額請求権を行使できないのか、というところにあります。

　この点については、「直近合意時点」以降に「事情変更」があれば足り、合意してから一定期間が経過していることは独立の要素にはならないとされています（最判平成3年11月29日判時1443号52頁）。そのため、たとえ合意したばかりであっても、経済事情の激変によって当該合意の拘束力を及ぼすことが不公平と評価される場合には、賃料増減額請求権は発生し得ると解されます。

　もっとも、契約当事者は契約締結時に将来予測を行い、自身の判断で賃料を合意しているわけですから、当該合意からさほど間を置かずに経済事情の変動等を主張しても余り説得力はないでしょう。その意味で、「直近合意時点」以降に一定期間が経過していることは、「事情変更」の有無を判断する際の一考慮要素になるとされています。実務上は、2年よりも短い期間で賃料増減額請求がされた場合には、そうした期間の短さが問題となることが多いとの指摘もあります[1]。この点、東京地判平成30年1月16

日ウエストロー（同事件の控訴審判決である東京高判平成 30 年 5 月 30 日ウエストロー）や、東京地判令和元年 9 月 17 日ウエストローは、賃貸借契約が締結されてから賃料増額請求まで 2 年程度しか経過していなかったことを理由の 1 つに挙げて賃料増額請求を否定しています。

　一方で、前回の賃料増額から 8 か月後の賃料増額請求を認めたもの（最判昭和 36 年 11 月 7 日裁集民 56 号 13 頁）、前回の賃料減額から 1 年 2 か月後の賃料減額請求を「相当期間の経過は賃料減額請求の独立の要件ではない」として認めたもの（東京地判平成 23 年 4 月 27 日ウエストロー）もあり、結局は他の事情をも含めた総合衡量ということになるでしょう。東京地判令和 2 年 10 月 9 日ウエストローは、賃貸人が賃借人から管理費として月額 3 万円の支払を受けながら建物の十分な管理を行わず、賃借人が賃貸人による建物の適正な管理を期待して約 2 割もの賃料増額に応じてから約 2 年で賃貸人が再度の賃料増額請求を行ったという事案で、現行賃料額と適正継続賃料額の間に 1 割強（13 ％）の差があることは認めつつ、従前の建物管理状況も踏まえて賃料に関する合意を契約当事者に順守させることが公平の観点から不合理になっているとはいえず、賃料が不相当となっているとはいえないとしています。

　なお、賃料減額請求訴訟において訴訟上の和解が成立してから 5 か月後に再び賃料減額請求を行うことは、信義則に反し権利濫用に当たり許されないとした裁判例がありますが（東京地判平成 13 年 2 月 26 日判タ 1072 号 149 頁）、平成 28 年 11 月に賃料増額請求訴訟を提起して平成 30 年 8 月に賃料増額を一部認める判決が確定した後、同年 10 月に賃料増額請求を行ったという事案で、賃料増額請求権を行使するのに一定期間の経過は要

---

(1) 高橋隆「増（減）額請求権行使の要件」篠田省二編『現代民事裁判の課題⑥借地・借家、区分所有』249 頁以下（新日本法規、1990）

しないから著しく不当な請求とはいえないとして、再度の賃料増額を認めた裁判例もあります（東京地判令和2年3月18日ウエストロー）。

（4） 設問の事例について

　設問の事例では、賃借人は当初から周辺相場に比して割高な賃料額であることを認識しながら、それでも相応の売上を得られることを期待して対象区画を賃借しており、「直近合意時点」以降の「事情変更」により事後的に賃料額が割高になったわけではありません。単に想定したほど売上が得られなかったというだけで、借地借家法32条1項の賃料減額請求権を行使することは一般的には難しいと考えられます。ただし、売上減少が生じた個別具体的な事情如何によっては、[Q3] で述べる契約締結時の事情等を踏まえて、行使の可否を検討するとよいでしょう。

Q2

　借りている物件について、家主から、契約締結後の物価上昇により賃料が周辺相場よりも3％程度割安になっているとして賃料増額を求められています。3％程度の変動は契約時に想定していたはずですが、どのような「事情変更」があれば、賃料増減額請求権の行使が可能なのでしょうか。

（1）　事情変更を基礎付ける要素として考慮される事情

　借地借家法32条1項は、当事者間で取り決めた賃料が「土地若しくは建物に対する租税その他の負担の増減、土地若しくは建物の価格の上昇若しくは低下その他の経済事情の変動により、又は近傍同種の建物の借賃に比較して」不相当となっているときは、契約の条件にかかわらず、当事者は、将来に向かって建物の借賃の額の増減を請求することができると定めています。

　法律用語で厳密に使い分けがされている「又は」と「若しくは」が多用されているので、やや読みにくい法文になっていますが、形式的に法文を分解すると、事後的に賃料が不相当になっているかどうかの判断要素として、①租税その他の負担の増減、②土地ないし建物の価格の上昇・低下その他の経済事情の変動、③近傍類似の賃料水準との比較の3点が挙げられています。

　もっとも、上記①～③の要素は、いずれも例示として挙げられているものに過ぎず、これらの要素があってもそれだけで直ちに増減額請求権が発生するわけではなく、また、これらの要素以外の事情が考慮されることも

あります。結局のところ、法文で挙げられている要素を含めた諸事情の変化により、従前の賃料額が当事者間の公平を害するほどに不相当となっていると評価できる場合に、賃料増減額請求をすることができる、ということになります。

(2)　法文で挙げられている要素

　一般に賃料とは純賃料（土地及び建物価格に期待利回りを乗じたもの）に必要諸経費を加えて評価されます[2]。それを踏まえて、法文では、そうした賃料の評価要素に影響を与え得る事情を、従前賃料が不相当になっているか否かを判断する要素として例示しています。

　まず、「土地若しくは建物に対する租税その他の負担の増減」（①）とは、賃料の場合、敷地や建物にかかる公租公課のほか、減価償却費や修繕維持費、損害保険料などがこれに当たるとされています。なお、公租公課とは、固定資産税や都市計画税を指しますが、敷地が借地の場合には、地代相当額がこれに代わります。

　また、「土地若しくは建物の価格の上昇若しくは低下」（②の前半）は、上記の賃料の評価方法からすると、土地や建物価格が変動すれば、土地や建物の価格の変動は当然に純賃料に影響するため、これらについても考慮要素となります。

　一方、「その他の経済事情の変動」（②の後半）とは、土地・建物価格の変動以外の経済的な状況の変動をいい、具体的には物価指数や国民所得、通貨供給量、賃金指数などの指標などが挙げられます。最近の事例でいえ
ば、東京地判令和3年9月30日ウエストローは、新型コロナウイルス感染

---

(2)　稲本洋之助＝澤野順彦編『コンメンタール借地借家法（第3版）』81頁以下〔副田隆重〕（日本評論社、2010）

症の拡大及びこれに伴う経済情勢の悪化が、借地借家法に基づく賃料減額を相当とすべきような恒久的な経済事情の変動に該当するかについてはなお疑問がないとはいえないのであり、経済情勢の悪化に伴い、対象建物の価格が低下し、あるいは物価や地価が中長期的に下落したといった事情はなお認められないとし、一般に新型コロナウイルス感染症拡大を理由にビルオーナーにおいてテナントから賃料減額の申入れを受けこれに応じるといった事例が生じている事実があるとしても、賃借人の困窮を救済するための任意的な救済措置であることが窺われるから、かかる事例があるからといって、本件賃貸借契約に基づく賃料が不相当に高額となったと認めることは困難であるとしています。

東京地判平成29年12月7日ウエストローは、対象建物の修繕積立金が従前の3倍に相当する大幅な増額がされたという事案において、かかる修繕積立金はビル全体の老朽化に伴う将来の大規模修繕のために各区分所有建物の所有者から徴収されるものであって、その所有者において当該建物を賃貸する場合には、必要諸経費に当たるものとして適正賃料に含められるものであるから、修繕積立金の増減は借地借家法32条1項が賃料増減の事由として定める「その他の負担の増減」に該当すると説示しています。

さらに、「近傍類似の賃料水準との比較」（③）とは、近傍における類似の賃貸事例を適切に把握できれば、従前合意した賃料が不相当になっているか否かを評価するのに有用ですが、実際には各物件の状況や賃貸条件は個別事情によって異なるため、近傍賃料との比較を正確に行うためには適切な補正が必要となります。また、近傍類似の賃料相場と比較して対象物件の賃料が割高だったり割安だったりするだけで直ちに賃料増減額請求が認められるわけではありません。賃料増減額請求が認められるためには、あくまで「直近合意時点」以降の「事情変更」により、従前合意した賃料が事後的に不相当となっていることが必要です。実務上、不動産鑑定評価

書等を提出して「従前合意した賃料が近傍類似の賃料水準に比して不相当になっている」とだけ主張して賃料増減額請求をしてくるケースを見かけますが、それだけでは事情変更の有無が不明であり、賃料減額請求権を基礎付ける主張としては不十分ということになります。

　ところで、通常の事案で考慮されるのは一般的な不動産市況に関わる事情の変動ですが、物件の用途が限定されており中途解約も制限されている場合に、当該用途に係る社会的事情の変動が重視される場合もあります。例えば東京地判令和元年9月19日ウエストローは、建物の賃貸目的が老人ホームの運営等に限定されており、中途解約も制限されていたという事案において、「本件建物の賃料額の相当性を失わせる経済事情の変動があったか否かを判断するに当たっては、借地借家法32条1項本文に定められている土地若しくは建物に対する租税その他の負担の増減、土地若しくは建物の価格の上昇若しくは低下といった一般的な不動産市況にかかわる事情の変動よりも、老人ホームの経営に係る社会的な事情の変動を重視すべきである」とした上で、「少なくともさいたま市における老人ホームの運営は、本件賃貸借契約締結当時に比べ、競争環境が厳しくなっており、老人ホーム運営において、本件契約締結当時に比べて、利用料金の値下げや仲介業者に対する手数料を引き上げて利用者の紹介を増やすなどの対策を取ることも相当な状況にある」として、経済事情の変動により賃料が不相当に高額になったものということができるとしています。

(3)　どれくらいの「事情変更」があればよいか

　ところで、賃料増減額請求は、従前合意した賃料が「不相当となったとき」に認められるところ、具体的に従前の賃料が本来あるべき相当な賃料と比較してどれくらいの開きが出た場合に、「不相当となったとき」といえるでしょうか。

ビジネス上、賃貸借契約の当事者は、賃料相場が不動産市況により一定程度変動することは当然に想定し、そうした変動も織り込んで契約を締結するはずです。そのため、合意した賃料が賃料相場から多少乖離したからといって賃料増減額請求権を行使するのは許されないでしょう。この点については、賃料増減額請求権の趣旨からすると、従前の賃料を維持することが当事者間の公平を害するほどの開きが生じているかどうかという観点から、個別に見ていくしかありませんが、実務上は、概ね収益目的の物件の場合は 20 ％程度、居住目的の場合は 30 ％程度と考えればよいであろうとされています[3]。

　もっとも、裁判例では乖離幅がそこまでなくとも賃料改定が認められるケースも散見され、例えば東京地判平成 19 年 7 月 26 日ウエストローは、裁判所が鑑定した結果、直近合意時点の賃料月額 7,086 万 7,305 円に対し、相当賃料が月額 6,850 万円と 3.3 ％程度下落していたという事案において、法文上は賃料の著しい変動がある場合にのみ改定を制限しているものではないとして、裁判所鑑定どおり月額 6,850 万円への賃料減額を認めています。一方、東京地判平成 22 年 12 月 7 日ウエストローは、現行賃料月額 1,060 万円に対し、裁判所の鑑定に基づく適正賃料額は月額 1,104 万 6,000 円と、その差額が月額 44 万 6,000 円、年額 535 万 2,000 円に及び、通常であれば賃料増額請求が認められるとしつつ、賃貸借契約の中で賃料改定について「賃料が著しく不相当となったときは改定することができる」旨の加重がなされていることを理由に、適正賃料額と現行賃料額の差異はいまだ「賃料が著しく不相当となったとき」の要件を満たしていないとして、賃貸人による賃料増額請求を否定しています。

---

(3)　田山輝明ほか編『新基本法コンメンタール　借地借家法【第 2 版】』209 頁〔澤野順彦〕（日本評論社、2014）

なお、実務上は同じ建物内の別区画と比較して賃料が高いとか低廉であるといった相談を受けることがままありますが、そのような不均衡があるというだけで直ちに賃料増減額請求権が基礎付けられるわけではありません（東京地判平成19年7月26日ウエストロー等）。なぜなら、契約締結時や契約締結の経緯は千差万別であり、例えば、賃借人が、一刻も早く入居したいと希望して、賃料が割高であることを認識しながら入居した事案と、そのような事情のない事案とを単純に比較することはできないからです。もっとも、他の区画との不均衡が増減額請求における考慮要素の1つとなることは否定されません（大阪高判平成20年4月30日判タ1287号234頁）。例えば東京地判平成29年3月1日ウエストローは、対象区画の従前賃料が定められた後、同じ施設内の同じフロアの他区画の賃料が全て相当な程度に増額されているという事情に照らし、従前賃料は近隣賃料と比較して不相応となる事情があったというべきであるとしています。

Q3

　所有するビルの一区画を、賃借人の事業が軌道に乗るまでという約束で非常に低廉な賃料で賃貸しています。契約締結後に社会経済事情の変動は特にありませんが、賃貸開始から２年が経過し賃借人の事業も軌道に乗ったので、周辺の一般的な賃料水準にまで賃料増額を求めたいと考えていますが、可能でしょうか。

（1）「不相当となったとき」の判断要素

　借地借家法32条１項は、当事者間で合意した賃料が契約締結後の「事情変更」により「不相当となったとき」に増減額請求を認めているところ、賃料を不相当とする事由（事情変更の事由）としては、法文上は租税その他の負担の増減や、土地建物の価格の上昇といった客観的かつ経済的な変動に限定されています。そうすると、設問のように予め当事者間で非常に低廉な賃料で合意し、それ以降に特に社会経済事情の変動がない場合には、借地借家法32条１項に基づく賃料増減額請求権を行使することはできないようにも思われます。

　しかし、この点について最判平成15年10月21日民集57巻９号1213頁は、賃料減額請求の当否を判断するに当たっては、借地借家法32条１項所定の諸事情（租税等の負担の増減、土地建物価格の変動その他の経済事情の変動、近傍同種の建物の賃料相場）のほか、賃貸借契約の当事者が賃料額決定の要素とした事情その他諸般の事情を総合的に考慮すべきであるとの判断を示しました。

　この判断は、いわゆるサブリース契約における賃料増減額請求の可否を

巡って示されたものですが、この判断が示されて以降、サブリース以外の賃貸借契約においても妥当する一般的な規範として用いられています。

(2)　客観的・経済的変動以外の要素の考慮方法

　ところで、社会経済事情の変動等だけでは把握できないような契約当事者間の個別具体的事情、例えば契約締結までの経緯や、賃料合意に至るまでの経過等を考慮するといっても、具体的にどのように考慮するのでしょうか。

　一般に、相当賃料額の試算方法としては、差額配分法、利回り法、スライド法、賃貸事例比較法があり、各方法を用いて相当賃料額を試算した上で、最終的に各試算結果の重み付けを行って相当賃料額を評価します（なお、各手法の詳細については第3章を参照ください）。このうち特に賃貸事例比較法やスライド法は客観的・経済的要素の強い試算方法です。これに対して、差額配分法は、対象不動産の経済価値に即応した適正な賃料と、実際の賃料との間に発生している差額を、契約内容や契約締結時の経緯等を含めて総合的に考慮し、当該差額を賃貸人と賃借人にそれぞれ公平に分担させて相当賃料を求める手法であり、まさに客観的・経済的変動以外の要素も考慮に入れるための手法といえます。そのため、個別的事情を特に考慮すべき事案の場合には、最終的な重み付けを行う際に、賃貸事例比較法やスライド法よりも差額配分法による試算結果を重視して評価する、というのは1つの考え方になるでしょう。

　また、そうした意味で、差額配分法における「契約の内容、契約締結の経緯等を総合的に勘案して、当該差額のうち貸主に帰属する部分を適切に判定」することは、まさに裁判所の役割ともいえそうです。もっとも、実際には、Q43 でも述べるとおり、実務上は、この判断についても、裁判所は鑑定人の意見を相当程度尊重する傾向にあります。他方で鑑定人から、

双方の主張の間をとるような意見が示されることも少なくありません。そのため、個別的事情を考慮すべきと主張するものは、特に説得的な主張立証を尽くす必要があります。

大阪高判平成 20 年 4 月 30 日判タ 1287 号 234 頁は、建物賃借人が他のビルから転居してきて事業が軌道に乗るまで時間がかかることを考慮して相当低額な賃料が定められたという設問と同様の事案において、継続賃料の評価に当たり賃貸事例比較法を重視するのは相当でないとして、差額配分法、スライド法、利回り法をほぼ均等に考慮して相当賃料額を算定しており、契約当時に特殊事情を考慮して賃料が定められた経緯についても、相当賃料額の評価に影響し得ることを示しています。

また、東京地判平成 29 年 4 月 26 日ウエストローは、法人がその代表者の有する土地建物を賃借していたが、代表者の浪費に対する処分として賃料が減額されていたという事案で、従前賃料が合意された経緯について個別的事情が強いこと等を考慮して差額配分法による試算賃料を重視し相当賃料を算定しています。

(3) その他の考慮例

その他、契約締結時の経緯が考慮された例として、例えば東京地判平成 17 年 4 月 26 日ウエストローは、もともと賃貸人が借金返済のために自己所有地にビルを新築して一棟貸しすることを計画し、返済を十分に行うためには容積率一杯に地上 7 階地下 1 階のビルを建築する必要があったところ、当該事情を十分に知った賃借人が、賃貸人の予定していた建物規模に相当する賃料額の支払等を確約する代わりに、建物については自身の希望に合わせて地上 3 階地下 1 階にさせたという事案で、当初の合意賃料額等はもともと近傍同種の建物の賃料相場との関連性が希薄であるとして、賃借人による賃料減額請求を認めませんでした。

また、東京高判平成19年9月12日判時2027号19頁は、賃貸人が賃借人の要望に従って同社の事業に適した建物を建築したという事案で、もともと賃貸人と賃借人がグループ企業で、グループとしての協力関係からそのような建築を行ったものであり、賃貸人が賃借人のために汎用性を犠牲にして建物を建築する一般的なオーダーメイド賃貸借（Q19参照）とは趣を異にするとして、オーダーメイド賃貸借であることを理由に当初の合意賃料を維持することに重きを置いた原判決を変更しており、賃料額決定の要素とされた事情を総合考慮した例として参考になります。

　一方、東京地判平成19年9月26日ウエストローは、いわゆるオーダーメイド型の賃貸借契約で、賃貸人が賃借人の経営悪化を理由に事業から撤退したものの、賃借人において賃貸物件の買取資金を自ら調達できなかったことから、賃借人の親会社の代表取締役が、個人会社を通じて膨大な債務負担を伴いながら賃貸物件を引き取り、賃貸人の地位を承継した後、賃借人が経営再建を理由に賃貸人に対して賃料減額を求めたという事案において、賃貸人と賃借人間で合意された賃料額は、賃借人が借入金債務返済の負担等に照らし、合理的な企業経営維持の見地から許容可能な最大限の譲歩をした結果によるものであったと推認され、たとえ賃借人の経営再建のためとはいえ賃貸人の合理的企業経営を損なう結果となってもやむを得ないとまではいえないとして、賃借人による賃料減額請求を認めませんでした。

　東京地判平成21年1月27日ウエストローは、賃借人が賃借した建物を第三者に賃貸することを予定したいわゆるサブリース契約（Q18参照）の事案において、賃借人が賃料減額請求権を行使したのに対し、裁判所は、賃借人が賃貸人に対して満室保証をしていたことも踏まえて適正賃料を算定し、賃借人の請求を一部認容しています。

　東京地判平成27年1月26日判時2256号60頁は、建物を賃借してホテ

ル事業を行っている賃借人が、賃貸人に対して賃料減額請求を行ったという事案において、当事者間で成立している賃貸借契約が共同事業的な側面を有することを前提に、賃料額については当事者それぞれが事業の性質や内容、リスク等を踏まえて合意されており、ホテルの売上減少に伴い約定賃料が過大になる状況が生じたとしても、かかるリスクを直ちに他方当事者に転稼させないのが当事者の基本的な意思に合致し、当事者の衡平にかなうとして、賃料減額請求を認めませんでした（同事件の控訴審判決である東京高判平成 27 年 9 月 9 日金法 2050 号 62 頁もこれに同旨）。

　東京地判令和 2 年 11 月 5 日ウエストローは、当初の賃料額が進行中の再開発事業のため劣悪であった周辺環境が考慮されて、再開発事業が完了して周辺環境が良好となった時点で見直すという前提で決定されたものであったところ、その後の再開発事業の完成により周辺環境が良好なものとなったことにより、従前賃料が不相当になったと認められるとしています。

　その他、賃貸人の特性や契約当事者間の関係性により従前賃料が賃料相場とは適合しない形で行われた事案で、そうした特殊な特性や関係性の変化により賃料増額を認めたものとして東京地判令和 2 年 7 月 9 日ウエストローや、東京地判令和 2 年 12 月 3 日ウエストローがあります。

4 契約締結後の事情

Q4

　保有するビルの一区画を賃貸に出しています。賃貸開始後、当社の方で対象ビルの改装を行い、建物の価値が上がりました。それを理由に賃借人に対して賃料の増額を求めることができるでしょうか。

(1)　賃貸人側の費用支出

　Q3 のとおり、賃料減額請求の当否を判断するに当たっては、借地借家法32条1項所定の諸事情（租税等の負担の増減、土地建物価格の変動その他の経済事情の変動、近傍同種の建物の賃料相場）のほか、賃貸借契約の当事者が賃料額決定の要素とした事情その他諸般の事情を総合的に考慮して判断されます（最判平成15年10月21日民集57巻9号1213頁）。

　この点、賃貸借契約は継続的性質を有することから、賃貸借開始後に賃貸人側で建物の改装等を行い、その結果、建物の価値が客観的に上昇することもあり得ます。そうした場合に、賃貸人が賃借人に対し事後的な建物価値の上昇を理由に賃料増額等を請求できるかという問題があります。

　この点について、東京地判平成4年3月16日判タ811号223頁は、賃貸借開始後に賃貸人が建物を改装したことにより従前の賃料が不相当になったとして賃料増額を求めた事案において、賃料算定に当たっては、本件の特殊事情として賃貸人が建物改装工事に要した費用も原則として考慮すべきであるとしました。そして、鑑定人が改装費を必要諸経費として考慮して出した鑑定結果額について、改装費を考慮しなかった場合との差分を詳細に比較検討した上で鑑定結果の妥当性を認めました。

　なお、ここで注意すべきは、建物の「修繕」と「改装」との違いを意識

して考える必要があるということです。すなわち、賃貸借契約では賃貸人に建物の修繕義務があるとされていますので（民法606条1項）、賃貸人は当初の契約時にそうした修繕費用がかかることも当然に考慮して賃料額を合意しているはずです。そのため、賃貸借開始後に賃貸人がそうした「修繕」費用を支出したからといって、それが直ちに賃料増額事由となるわけではありません。これに対し、建物の「改装」（改良）は、賃貸人においてこれを行う義務があるわけではなく、建物の利用価値を増大させるものとしてある程度は賃料に転嫁することができると解されており[4]、上記裁判例もこのような理解に基づくものと見ることができます。

（2）　賃借人側の費用支出

　一方、上記のように考えると、賃借人が建物の「修繕」費用や「改装」費用を負担している場合には、賃借人に有利な事情として考慮要素となりそうです。

　しかし、大阪地判平成元年12月25日判タ748号167頁は、賃貸人が賃料増額を求めた事案で、賃借人が「改修」費用を負担したことは考慮要素とはならないと説示しています。また、東京地判平成15年8月25日ウエストローは、賃借人が賃料減額を求めた事案で、賃借人が「改装」費用を負担したことは考慮要素とはならないと説示しており、概して賃借人による費用支出は厳しい判断がされている印象です（なお、当該事案では賃借人の収支状況も考慮要素とはならないとされています）。

---

(4) 幾代通＝広中俊雄編『新版注釈民法（15）債権（6）増補版』801頁〔篠塚昭次〕（有斐閣、2001）

5 契約当事者間の関係性

Q5

父親が所有するビルを借りて店舗を運営していましたが、親子関係ということもあって非常に低廉な賃料で借りていました。先般、父親が他界し、全く知らない第三者にビルが売却されました。ビルの新しい所有者から賃料について周辺相場と同程度にするよう増額を求められていますが、応じなければならないのでしょうか。

(1) 契約締結時点の個人的関係性を考慮に 入れることができるか

　借地借家法32条1項は、賃料増減額請求権の行使を基礎付ける事情変更として、法文上は客観的かつ経済的なものに限定しています。

　しかし、賃料減額請求の当否を判断するに当たっては、借地借家法32条1項所定の諸事情（租税等の負担の増減、土地建物価格の変動その他の経済事情の変動、近傍同種の建物の賃料相場）のほか、賃貸借契約の当事者が賃料額決定の要素とした事情その他諸般の事情を総合的に考慮すべきとされています（最判平成15年10月21日民集57巻9号1213頁）。そのため、契約当事者間で個人的な事情に重きを置いて賃料が定められているような場合には、そうした事情も考慮事情となり得、例えば契約当事者間の特殊な人的関係等がなくなれば、それも「事情変更」の1つとして考慮要素となり得ると考えられます。

　この点について、最判平成5年11月26日裁集民170号679頁は、土地賃貸借の事案ではありますが、当事者が代表者を共通にする会社であり、賃借人が賃貸人を金銭的に援助する趣旨で高額な賃料が定められていたと

ころ、その後に代表者が交替するなどした結果、賃貸人と賃借人が緊密な関係にあるとはいえない状態に至ったという設問と同様の事案で、「一般的な経済的事情にとどまらず、当事者間の個人的な事情であっても当事者が当初の賃料額決定の際にこれを考慮し賃料額決定の重要な要素となったものであれば、これを含むものと解するのが相当である」と判示しました。

この最判平成5年は、前記の最判平成15年よりも前に示されたものですが、その後に最判平成15年で上記のような考え方が示されたことにより、契約当事者間の個人的事情により賃料が定められていることも、より一層考慮の対象になり得ることが明確化されたと考えられます。

また、東京地判平成29年3月27日ウエストローは、当初賃料を合意して以降、著しく賃料相場に変動を及ぼすような経済事情の変動は見られないとしつつ、賃借人Bが賃貸人代表者Aの子であることや、AとしてBを将来後継社長に据えることを予定して低廉な賃料額が定められたものということができるところ、当初賃料の合意時点において存在したはずのAのBに対する後継社長としての信頼は損なわれ、また、父子としての良好な関係も損なわれたということができ、当初賃料額決定時に重要な要素とされていた諸事情は大きく変化していると評価できるのであって、当初の賃料額を不相当とすべき事情の変動があったと認めるのが相当であるとして、一定の賃料増額を認めています。

(2) 激変緩和措置

ところで、従来の契約関係が親子関係などの特殊事情を前提にする場合、そうした特殊事情がなくなったことが「事情変更」に当たるとして直ちに賃料増減額請求が認められるとすれば、契約当事者に酷となる場合があります。

この点について、東京高判平成18年11月30日判タ1257号314頁は、建

物賃貸人（法人）と建物賃借人（法人）の代表者同士が親子関係にあり、賃貸借契約において極めて低廉な賃料が定められていたところ、建物賃貸人が当該建物を無関係の第三者に売却したため賃貸人たる地位も移転したという事案において、従前合意した賃料は適正な賃料額の半額以下であり、従前の特殊事情を前提にした賃料水準を維持することはできないとしつつ、従前の経緯に鑑みて直ちに一般的水準まで増額させるのは相当でないとして、その中庸値とするのが相当であるとしました。

　この裁判例は、従前合意した賃料が特殊事情に基づき定められている場合に、そうした特殊事情がなくなった後の賃貸人と賃借人双方の利益を調整するものとして参考になります。一方、法人の代表者が個人で所有する建物を法人が賃借している場合など、賃貸人と賃借人が実質的に同一であるような場合には、当該個人が死亡して建物と法人を他人同士が取得すれば、他人間の賃貸借契約と同水準に至るまで賃料を調整しなければならないとした裁判例もあります（東京高判平成 12 年 7 月 18 日金商 1097 号 3 頁）。これらの裁判例から、賃料増減額請求により不利益を受ける当事者の保護をどこまで図るべきかという価値評価の問題ということになるものと思われます。

6 「直近合意時点」とは

Q6

　当社は 10 年前に駅前のテナントビルを賃借し、飲食店を営んでいます。当初締結した賃貸借契約書には、賃料額について 3 年毎 5 ％ずつ増額させる旨の自動改定特約があり、つい先日、賃料改定時期を迎えて賃料が 5 ％上がりました。今般、当社が賃貸人に対して、10 年前に比べて賃料額が周辺相場に照らして高額になっているとして、賃料減額を求めたところ、賃貸人は、現行賃料については、つい先日、自動改定特約に基づき 5 ％増額されたばかりであり、それ以降の経済変動はないとして賃料減額を拒まれています。このような賃貸人の言い分は正しいのでしょうか。

(1) 「直近合意時点」の確定

　賃料増減額請求権が発生しているかは、あくまで「直近合意時点」以降に「事情変更」があるか否かによって判断されます。すなわち、当事者間でひとたび賃料額について合意に達した場合には、以後、それ以前に生じていた賃料改定を基礎付ける事情は主張することができなくなるということです。

　例えば、下記の C の時点で賃料減額請求権を行使する場合、当事者間で最後に賃料額を合意したのが A の時点であれば、その時点以降に「事情変更」があるため、賃料改定を求めることができます。これに対し、当事者間で最後に賃料額を合意したのが B の時点であれば、A から B にかけて生じていた「事情変更」はもはや主張することができず、かつ B から C にかけては「事情変更」がないため、賃料改定を求めることはできない、とい

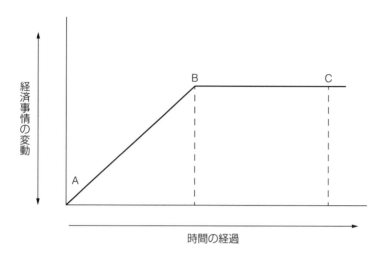

縦軸: 経済事情の変動
横軸: 時間の経過

B　　　　　　　　　　C

A

うことになるのです。

　もっとも、当事者間における「直近合意時点」をどこと見るかについては、判断に困難を伴う場合も少なくなく、実務上は「直近合意時点」をどこと見るかを巡って争いになる場合が度々あります。

　例えば、賃貸借契約書中に、「賃料額は一定期間毎に経済事情等を踏まえ双方協議の上で見直しをする」といった規定があることがあります。当該規定に基づき、賃借人が賃料の減額を希望したものの、賃貸人の了解が得られず、結局、次回見直し時の減額に期待してしぶしぶ賃料を据え置くことで合意したとします。この場合、「直近合意時点」はどこになるでしょうか。賃貸人としては、当事者間で協議して賃料を据え置くことを合意したのであるから、その時点が「直近合意時点」であり、それ以降に「事情変更」がなければ賃料減額請求権は発生しないと主張したいということになると思われます。これに対して賃借人は、賃料据え置きを合意したのは次回見直し時の減額を期待したものであるから、それ以前に生じていた「事情変更」の主張を遮断されるのは納得が行かないということにな

ると思われます。

(2) 「直近合意時点」の考え方

　この点について、平成 26 年に改正された不動産鑑定評価基準（ Q48 参照）では、昨今の裁判例における判断内容を踏まえ、「直近合意時点」について「契約当事者間で現行賃料を合意しそれを適用した時点」であると定義し、不動産鑑定評価基準に関する実務指針では、「直近合意時点」の確定が不適切な例として、以下の 3 つの例を挙げています。

---

① 賃料自動改定特約があり自動的に賃料改定がされている場合に、当該自動的に賃料が改定された時点を直近合意時点としている場合
→賃料自動改定特約の設定を行った契約が適用された時点とすべき

② 賃料改定等の現実の合意がないまま契約を更新している場合に、当該契約を更新した時点を直近合意時点としている場合
→現実の合意があった賃料が適用された時点とすべき

③ 経済事情の変動等を考慮して賃貸借当事者が賃料改定しないことを現実に合意し、賃料が横ばいの場合に、当該横ばいの賃料を最初に合意した時点に遡って直近合意時点としている場合
→賃料を改定しないことを合意した約定が適用された時点とすべき

　こうした例にもあるように、「直近合意時点」とは、賃料額について当事者間で経済事情の変動等を踏まえて実質的な協議が行われ、それを踏まえて合意に達した時点と整理することができます。単に当事者間で形式的に賃料額を確認する契約書が作成されたというだけでは、「直近合意時点」

ということはできません。

(3) 賃料額について「実質的な協議」が行われたか否かの判断

　それでは、当事者間で賃料額についてどの程度のやり取りがあれば、「経済事情の変動等を踏まえて実質的な協議が行われ」たといえるでしょうか。

　この点については個別判断によることになりますが、例えば神戸地判平成30年2月21日ウエストローは、会社分割に伴う賃借人の地位承継を確認する覚書の中で、「原始契約及びこれに付随する各種の契約書等に何ら変更のないことを相互に確認する」旨が記載されていたという事案で、同覚書は、原告と被告の間で後日疑義が生じないよう、原告が同契約の賃借人の地位を承継したことを注意的に確認したにとどまるから、原告と被告はその当時の経済事情等を踏まえてこれを作成したとはいえず、当該時点は直近合意時点には当たらないとしています。また、東京地判平成23年5月18日ウエストローは、賃貸人が競売手続で物件を取得した際に、賃借人に対して賃料増額を求めたもののこれを拒否され、金融機関に契約書を提示する必要もあって従前賃料のままであれば賃借人も契約書の作成に応じるということで賃貸借契約書が作成されたという事案において、かかる契約書の作成時をもって直近合意時点であるとするのは相当でないとしています。

　こうした裁判例からも、「直近合意時点」と認められるためには、あくまで経済事情の変動等を踏まえて当事者間で賃料額に関する具体的かつ実質的な協議がなされていることが必要となります。また、東京地判平成28年1月19日ウエストローでは、当事者が「賃料据置きの社内稟議」をしていたことが「直近合意時点」を基礎付ける認定要素とされています。一方、

社内稟議で「賃料の改定交渉の折り合いがついておらず、引き続き交渉を続けること」が前提になっていたことも踏まえ、賃料に関する交渉経緯を比較的詳細に認定して据え置き合意の成立を否定した東京地判平成31年1月30日ウエストローがあります。

なお、賃借人側の資金繰り悪化等により当事者間で期間を定めて一時的に減額措置を講ずることがありますが、そうした合意をしただけでは直近合意時点とはみなされません（東京地判平成29年2月10日ウエストロー、東京地判平成29年12月7日ウエストロー）。

(4) 賃料の自動改定特約がある場合

上記 **(2)** ①の例では、賃料の自動改定特約があり、それに基づき一定期間毎に賃料額が改定されている場合には、当該改定は改定された時点の経済事情等に基づき当事者間で協議・合意されたものではなく、あくまで賃料の自動改定特約を設けた時点の将来予測に基づき自動的に行われているものです。そのため、「直近合意時点」はあくまで当初の契約時点と見ることになります（最判平成20年2月29日裁集民227号383頁）。

もっとも、自動改定特約がある場合でも、当事者間で経済状況等を踏まえて実質的に協議を行い、その上で自動改定条項に従って処理することが合意されたような場合には、上記 **(2)** ③の「経済事情の変動等を考慮して賃貸借当事者が賃料改定しないことを現実に合意し、賃料が横ばいの場合」に該当することもあり得ると考えられます。

7 契約更新と「直近合意時点」

Q7

　当社は10年前に駅前のテナントビルを賃借し、飲食店を営んでいます。2年毎に契約更新を繰り返しており、更新の都度、賃料額を含む契約条件を確認する更新契約書を締結してきており、つい先日も契約更新を行いました。今般、当社が賃貸人に対して、10年前に比べて賃料額が周辺相場に照らして高額になっているとして、賃料減額を求めたところ、賃貸人は、つい先日締結した更新契約書においてお互いに賃料額を確認しており、それ以降の経済変動はないとして賃料減額を拒まれています。このような賃貸人の言い分は正しいのでしょうか。

(1) 契約更新の様々な方法

　普通建物賃貸借契約の更新には「合意更新」と「法定更新」があります。

　このうち「合意更新」とは、契約期間の満了に当たり当事者間で合意の上で契約を継続するものです。これに対して「法定更新」とは、借地借家法の規定に基づくものであり、「当事者が期間の満了の1年前から6か月前までの間に、相手方に対し更新をしない旨の通知、又は条件を変更しなければ更新をしない旨の通知をしなかったとき」で、貸主に更新拒否の正当事由がないときは「従前の契約と同一の条件で契約を更新したものと見なされ」ます（借地借家法26条、同28条）。

　以上に加えて、実務上は、契約書中に「期間満了の〇月前までに双方から何ら通知がなければ、新たに期間を〇年とし、その余は従前と同一条件で契約を更新したものとする」といった規定を設け、当該規定に基づき契約更新がされたものとして取り扱うことがあります。これを「自動更新」

といいます。この「自動更新」は、契約時点における当事者間の合意に基づき、合意された要件に基づき契約を自動的に更新するもので、「合意更新」の一種であるとされています。この「自動更新」に関する条項がある場合、当事者間で特に契約条件を変える必要がなければ、期間満了の都度、更新契約書を結ばずとも、契約は自動的に更新されるのですが、実際には、従前の契約条件を維持する場合でも、期間満了の都度、更新契約書を締結している場合も多く、その中で賃料額を確認するようなケースも少なくありません。

(2) 契約更新と「直近合意時点」の判断

このように、賃貸借契約の更新には様々な方法がありますが、それぞれ「直近合意時点」とみなされることはあるでしょうか。

上記のうち、「法定更新」や「自動更新」の場合には、更新時に当事者間で経済事情の変動等を考慮して賃料額に関する協議や合意をすることは考えられませんので、Q6 で挙げた①〜③のうち、「②賃料改定等の現実の合意がないまま契約を更新している場合」に当たることは比較的容易に判断できるでしょう（法定更新に関するものとして東京地判平成29年3月29日ウエストロー）。

これに対し、「合意更新」の場合には、更新時に当事者間で経済状況等を踏まえて協議して賃料額を取り決めていれば、当該更新契約時点をもって「直近合意時点」とされる可能性が高いでしょう。この場合、当事者は、更新契約締結後に新たな「事情変更」が生じない限り、賃料増減額請求権を行使することはできません。もっとも、一応は当事者間で契約条件について確認した上で契約更新を行っていても、実際には単に形式的に更新契約書を締結しているだけの場合も少なくなくありません。そうした場合には、Q6 で挙げた①〜③のうち、「③経済事情の変動等を考慮して賃貸借

当事者が賃料改定しないことを現実に合意し、賃料が横ばいの場合」とまではいえないと考えられます（東京地判平成 30 年 8 月 10 日ウエストロー等）。自動更新条項がありながら、それとは別に更新契約書を締結し合意更新を行っている場合も同様です。

　もっとも、更新契約書の中で賃料額を含めて契約条件を確認しているような場合には、かかる更新時を「直近合意時点」と見ることができるかを巡って事後的に争いとなる可能性は否定できません。更新時に当事者間で契約条件についてやり取りしている場合には、上記②に当たるのか、それとも③といえるのかはより判断が難しくなります。そこで、更新時に賃料額を明確に合意したと主張したい側は、更新契約書中に「双方で経済事情の変動等を踏まえて協議し賃料額を維持することを確認した（ので、賃料増減額請求に係る直近合意時点を本更新時点とすることを合意する）」などといった文言を明記しておくことが考えられます。

8 使用開始前の請求権行使の可否

Q8

　当社は、飲食店の新規出店のためにテナントビルの賃貸借契約を締結しました。ところが、建物の引渡しを受ける前に社会経済状況に大きな変動があったため、オーナーに対して賃料の減額を求めたいと考えています。可能でしょうか。

　実務上、建物賃貸借契約の締結から実際に引渡しを受けて使用収益を開始するまでに、一定の時間が空くことがあります。こうした場合に、賃貸借契約の当事者は、建物の使用収益開始前であっても相手方に対して賃料増減額を請求することができるでしょうか。

　この点について、最判平成15年10月21日裁集民211号55頁は、借地借家法32条1項の規定に基づく賃料増減額請求権は、賃貸借契約に基づく建物の使用収益が開始された後において、賃料の額が同項所定の経済事情の変動等により、又は近傍同種の建物の賃料の額に比較して不相当となったときに、将来に向かって賃料額の増減を求めるものと解されるから、賃貸借契約の当事者は、契約に基づく使用収益の開始前に、上記規定に基づいて当初賃料の額の増減を求めることができないと判示しました。

　そのため、賃貸借契約の締結から一定期間が経過していたとしても、まだ使用収益の開始前であるときは、借地借家法32条1項の規定によるのではなく、一般的な事情変更の法理に基づき賃料増減額を請求していくことになると解されます。

9 共益費・駐車場使用料

Q9

　当社は、所有する商業ビルの一区画を飲食店業者に賃貸しています。今般、賃借人から、賃料減額請求を受けましたが、賃借人が減額を求める対象として共益費や駐車場利用料も含まれています。共益費や駐車場利用料についても借地借家法32条1項に基づく賃料減額請求の対象とすることができるのでしょうか。

(1)　賃料増減額請求における「賃料」とは

　賃料増減額請求における「賃料」とは、約定の支払期に現実に支払われる支払賃料を意味し、権利金や保証金、礼金、敷金といった一時金の償却額や運用利益相当額を含む実質賃料ではないとされています（**Q49**参照）。

(2)　共益費について

　一般に「共益費」といわれるものの中には、不動産の使用対価として収受される性質を有するものと、共用部分の維持管理のために実際に要する費用の割合的負担としての性質を有するものがあります。

　厳密に考えれば、前者として収受される共益費については実質的には賃料の一部として賃料増減額請求の対象となり、後者として収受される共益費については対象とならないという整理になるでしょう。もっとも、実務上は賃貸借契約において共益費の性質について明確に定めをしないケースが大半であり、そうした場合、通常は上記いずれの性格も持ち合わせていると理解されています。また、実務上は共益費として収受する額を増額す

ることで実質的に賃料増額を図るような場合もあり、そうした場合には純然たる賃料との区別がより一層不明確になります。

この点について東京地判平成4年1月23日判タ832号127頁は、共用部分の清掃費や機械設備の運転費等として毎月定額の「共用管理維持費」と、水道光熱費等として毎月変動する「変動共益費」支払が約定されていたという事案において、そのいずれも共用費としての性質を有するものとされて賃料増額請求の対象とされています。具体的には、「共益費といっても、一般に対象不動産の使用の対価の一部としての性格を有し、いわば、実費としての性質の高い賃料の一部と評価すべき」であり、「本件において原告被告間の紛争はもっぱら賃料及び共益費の合計額についてのものであって、賃料・共益費それぞれの内訳額についてのものではない」として、「共用管理維持費」と「変動共益費」の合計額を、本件鑑定にいう賃料・共益費の合計額と等しくすることが、本件建物の賃借人の適正な支出額を定めることになるというべきであると説示しています。

また、東京地判平成28年1月14日ウエストローは、賃貸借契約における共益費の額（51万円）が賃料（150万円）との比較において相当に大きなものであったこと、賃貸人が共益費名目で受領した金員が具体的にどのような費用に充てられたかを確定し得る証拠がないこと、賃借人による賃料減額請求に対抗する形で賃料増額請求を行った賃貸人も共益費を賃料額に含めて提示していることなどから、賃貸借契約における共益費には実質的に賃料に相当するものも含まれていたと考えられると説示しています。

一方で、東京地判平成28年3月30日ウエストローは、マンションの一室を借りてカフェテリアを経営していたという事案において、本件賃貸借契約における管理費は、本件建物前面に位置する専用駐車場の使用料を含め、本件建物の区分所有者が管理組合に対して支払うべき管理費相当額であって、賃貸人がその多寡を決定し得る性質のものとはいえないから、こ

れを本件建物の賃料と同列に扱い、減額請求の対象とすることは相当でないとしています。

　共益費として収受されている金銭を賃料増額請求の対象とし得るか、及びその範囲については、結局、個別の事案毎に当事者の合理的意思解釈等も踏まえて判断されることになるでしょう。

(3)　駐車場の使用料について

　借地借家法32条1項に基づく賃料減額請求は、当然のことながら借地借家法が適用される賃貸借契約でしか認められません。

　この点、駐車場の賃貸借契約は、通常は建物所有を目的とする賃貸借契約とはいえないため、借地借家法の適用はありません。

　しかし、駐車場の賃貸借契約が建物賃貸借契約と一体のものとして締結されている場合には、借地借家法の適用ないし準用があるとされています。東京地判平成2年11月29日判時1395号100頁は、マンション内の駐車場使用契約が、マンション居室の賃貸借契約と別個に締結されてはいるものの、建物賃貸借契約が存続する間は駐車場使用契約も存続するという趣旨の定めが置かれていることから、実質的には建物賃貸借契約と一体をなすものとして借地借家法の適用ないし準用があるとして、賃貸人からの賃料増額請求を認めています。一方、東京地判令和2年7月8日ウエストローは、駐車場契約と建物賃貸借契約が別個に締結され、賃料改定時期も異なるとして両者を一体として見ることはできないとしつつ、両方の賃料が一定の関係性を有していることは建物の相当賃料額を認定する際の1つの考慮要素となるとしています。

2 請求権の法的性質

1 効力の発生時期について

Q10

　A社は、B社に対し、月額20万円で、商業ビルの一区画を賃貸しています。私は、A社の総務部所属の従業員ですが、近隣の賃料相場に比べて本件の賃料が安いと知りました。そこで、B社に電話をして、賃料増額に関する協議を求め、1年間の交渉の末に月額30万円に賃料を増額することに合意していただきました。もっとも、いつから増額するのかについては協議がまとまっていません。賃料増額の効果は、いつから生じるのですか。

（1）　賃料増減額請求権の法的性質

　借地借家法32条1項の賃料増減額請求権の法的性質は、形成権の性質を有すると解されており、その意思表示が相手方に到達すれば、その時点で相当額において増減したとの効力が生ずると解されています（最判昭和32年9月3日民集11巻9号1467頁）。

　したがって、増減額の効果は、賃料増減額請求に係る裁判の口頭弁論終結時や訴え提起時ではなく、当事者の意思表示が到達したときから効力が生じます。最判平成3年11月29日判時1443号52頁は、現行賃料が定められてから約1か月後にされた賃料増額請求につき、効果発生時点を2年後に遅らせて賃料増額を認めた原判決の判断を違法であるとしました。た

だし、差額賃料額の算定の便宜上、例えばその翌月分からその効力を発生させることとする旨の意思表示を行うことは、いわば一部請求に該当するものとして許されるとされています[1]。

　なお、過去に遡って賃料増減請求することはできません（東京地判平成21年6月24日ウエストロー等）。

(2)　賃料増減額請求の行使方法について

　相手方への意思表示は、口頭でもよいとされていますが、訴訟等において当該意思表示がなされたことを否認される場合を想定して、配達証明付き内容証明郵便ですることが安全です。例えば、東京地判平成28年12月8日は、相手方が書面の到達を争い、同書面が配達証明付きでなかったことなどから、当該書面による賃料増額請求の存在を認めませんでした。

　そこで、増減額の効果を得るためには、可能な限り早めに、配達証明付き内容証明郵便[2]を送付するなどして、賃料増減額請求権を行使する旨の意思表示をすることが適切です。

　この書面を送付する際に、「賃料増額に関する協議を求めます」とか、「賃料を増額してくださるよう希望します」などの表現を用いた場合、増減額請求の意思表示がなされたか否かの疑義が生じます。例えば、賃料改定に向けた協議の申入れ、あるいは協議の提案にとどまるとみなされて賃料増減額請求権の行使とは認めなかった裁判例として、東京高判平成13年3月28日判タ1068号212頁、東京地判平成20年9月17日ウエストロー、

---

(1)　廣谷章雄『借地借家訴訟の実務』261頁（新日本法規、2011）。

(2)　相手方が個人事業者等であり、内容証明郵便の受領を拒絶するなど受領しないおそれがある場合には、内容証明郵便と同一内容の文書を特定記録郵便で送付しておくのがよいでしょう。文例については、第2章1④（**Q28**）を参照ください。

東京地判平成 23 年 1 月 25 日ウエストローがあります。一方で、訴訟で提出された準備書面中に「月○万円が適正賃料であるので賃借人にその請求をした」という趣旨の記載があることをもって賃料増減額請求の意思表示があったとした最判昭和 31 年 5 月 15 日民集 10 巻 5 号 496 頁などもあります。当事者名、目的物の所在地、契約期間、賃料等を明確に記載して、当該賃貸借契約の内容を明確に特定した上で、「本書面をもって本件賃貸借契約の賃料を○円に減額する旨の意思表示をします」などと記載することが適切です。

　実際に増減額事由が存在するのに、このような意思表示を失念していたり、不明確なやりとりをするなどしていると、いつまでも増減額の効果を得ることができなくなってしまいますので注意が必要です。

（3）　設例について

　本件では、A 社は B 社に対し、電話で賃料増額に関する協議を求めて交渉を続けてきたとのことですが、明確な賃料増額の意思表示はなされていないように思われます。明確な意思表示がなされない限り、時期に関する合意が別途なされない以上は、賃料増額の効果が生じることはありません。B 社との今後の協議の見込みや B 社の反発を招かないかという点には十分に注意する必要がありますが、増減額の効果を早く得たいのであれば、A 社は、速やかに賃料増額の意思表示を行う必要があるでしょう。

2 賃料増減額請求の当否は どの時点を基準に判断されるか

Q11

　賃料を月額200万円から月額150万円に減額する旨の賃料減額請求を行い、調停を経て訴訟に移行して、請求時から現在まで2年が経過しました。その後、賃料減額に大きく寄与する経済事情の変動がありましたので、その旨を主張しました。裁判所は、判決に当たって、当該経済事情の変動を考慮してくれるでしょうか。

（1）　増減額請求権行使後の事情変更について

　最判平成26年9月25日民集68巻7号661頁は、借地借家法32条1項の賃料増減額請求権の性質等に関する主要な裁判例を挙げて、次のとおり判示しています。

　借地借家法32条1項所定の賃料増減請求権は形成権であり、その要件を満たす権利の行使がされると当然に効果が生ずるが、その効果は、将来に向かって、増減請求の範囲内かつ客観的に相当な額について生ずるものである（最高裁昭和30年（オ）第460号同32年9月3日第三小法廷判決・民集11巻9号1467頁等参照）。また、この効果は、賃料増減請求があって初めて生ずるものであるから、賃料増減請求により増減された賃料額の確認を求める訴訟（以下「賃料増減額確認請求訴訟」という。）の係属中に賃料増減を相当とする事由が生じたとしても、新たな賃料増減請求がされない限り、上記事由に基づく賃料の増減が生ずることはない（最高裁昭和43年（オ）第1270号同

44 年 4 月 15 日第三小法廷判決・裁判集民事 95 号 97 頁等参照）。さ
らに、賃料増減額確認請求訴訟においては、その前提である賃料増減
請求の当否及び相当賃料額について審理判断がされることとなり、こ
れらを審理判断するに当たっては、賃貸借契約の当事者が現実に合意
した賃料のうち直近のもの（直近の賃料の変動が賃料増減請求による
場合にはそれによる賃料）を基にして、その合意等がされた日から当
該賃料増減額確認請求訴訟に係る賃料増減請求の日までの間の経済事
情の変動等を総合的に考慮すべきものである（最高裁平成 18 年（受）
第 192 号同 20 年 2 月 29 日第二小法廷判決・裁判集民事 227 号 383
頁参照）。したがって、賃料増減額確認請求訴訟においては、その前
提である賃料増減請求の効果が生ずる時点より後の事情は、新たな賃
料増減請求がされるといった特段の事情のない限り、直接的には結論
に影響する余地はないものといえる。

　これによれば、賃料増減請求権の審理の対象は、あくまでも賃料額につ
いての直近合意時点から当該請求時までの事情であって、新たな増減額請
求がなされない限り、その後の事情は審理の対象になりません。
　なお、賃料増減額請求を行った後、その裁判が確定する前に 2 回目の賃
料増減額請求を行っても、基準となる「直近合意時点」の賃料が確定して
いないため、2 回目の請求の当否は判断できないのではないかという問題
が生じます。
　この点、1 回目の賃料増額請求を対象として訴訟が係属している間に原
告が 2 回目の賃料増額請求を行った（その間に被告も賃料減額請求を行っ
ていますが省略します）という事案において、東京地判平成 30 年 12 月 20
日ウエストローは、このうち 2 回目の賃料増額請求について、まだ基準と
すべき賃料額が確定していない以上、紛争の成熟性を満たしておらず訴え

の利益がないとしてこれを却下しました。これに対し、当該事件の控訴審判決である東京高判令和元年12月19日ウエストローは、原告による1回目の増額請求は2回目の増額請求までの期間の賃料額の確認を求めるものであり、両請求に係る賃料額確認の訴えは訴訟物を異にすると解されるところ、2回目の増額請求の当否及びこれによる相当賃料額は、1回目の増額請求が確定していることを前提として判断されるべきであるが（最判平成15年10月21日裁集民211号55頁参照）、本件においては2回目の増額請求は訴えを追加的に変更する形式でなされており、1回目の増額請求に関する判断結果を前提に2回目の増額請求について判断することが可能な状態にあったと認められるから、紛争の成熟性を満たしていないということはできないとして、2回目の増額請求につき確認の利益が認められないとしてこれを却下した原判決の判断は是認できないとしました。

　当該控訴審判決によれば、賃料増減額請求を行った後、その裁判が確定する前に2回目の賃料増減額請求を行うことは可能であると考えられます。

(2)　設例について

　設問の事例においても、あくまで賃料増減額請求がなされた時点を基準に現行賃料の当否が判断され、その後の事情は考慮されません。請求時から2年後の経済事情を判決の基礎にしてもらうためには、単に当該事情を主張するだけではなく、新たな増減額請求を追加する必要があります。

Q12

　Ａ社は、Ｂ社に対し、月額 100 万円という相場よりも低い賃料で、商業ビルの一区画を賃貸していました。そこで、Ａ社は、Ｂ社に対し、令和元年３月１日に賃料増額請求を行った上、「本件賃料が令和元年３月１日から月額 200 万円であることを確認する」との内容の確認訴訟を提起しました。令和２年 12 月１日に口頭弁論が終結されて、その後、Ａ社の請求を全て認める内容の判決が言い渡されました。にもかかわらず、Ｂ社は、Ａ社に対し、訴訟外で、令和２年４月１日から経済事情の変動が生じていたことを理由とする賃料減額請求をしていたとして、「本件賃料が令和２年４月１日から月額 50 万円であることを確認する」との訴訟を提起しました。前訴における確定判決の既判力は、請求時である令和元年３月１日から口頭弁論終結時である令和２年 12 月１日時点の賃料額に及ぶのでしょうか。

(1)　平成 26 年９月 25 日の最高裁判例について

　Q11 で述べたとおり、賃料増減請求権の審理の対象は、あくまでも賃料額についての直近合意時点から当該請求時までの事情となります。このことは、既判力（確定判決の拘束力）の範囲にも影響を及ぼします。

　すなわち、最判平成 26 年９月 25 日民集 68 巻７号 661 頁は、Q11 の引用箇所に続けて、以下のとおり判示しています。

　賃貸借契約は継続的な法律関係であり、賃料増減請求により増減された時点の賃料が法的に確定されれば、その後新たな賃料増減請求が

されるなどの特段の事情がない限り、当該賃料の支払につき任意の履行が期待されるのが通常であるといえるから、上記の確定により、当事者間における賃料に係る紛争の直接かつ抜本的解決が図られるものといえる。そうすると、賃料増減額確認請求訴訟の請求の趣旨において、通常、特定の時点からの賃料額の確認を求めるものとされているのは、その前提である賃料増減請求の効果が生じたとする時点を特定する趣旨に止まると解され、終期が示されていないにもかかわらず、特定の期間の賃料額の確認を求める趣旨と解すべき必然性は認め難い。

　以上の事情に照らせば、賃料増減額確認請求訴訟の確定判決の既判力は、原告が特定の期間の賃料額について確認を求めていると認められる特段の事情のない限り、前提である賃料増減請求の効果が生じた時点の賃料額に係る判断について生ずると解するのが相当である。

　これによれば、賃料増減額請求の確定判決の既判力は、原則として、請求時の賃料額のみに及ぶことになります。

(2)　設例について

　本件において、A社が提起した訴訟の請求の趣旨は、「本件賃料が令和元年3月1日から月額200万円であることを確認する」であり、令和元年3月1日から特定の期間の賃料額の確認を求めるものではありません。

　したがって、前訴の確定判決の既判力は、後訴には及ばないと考えられます。

　そこで、B社による紛争の蒸し返しを防止するには、前訴において、請求の趣旨においてB社の賃料減額請求時点や、同時点を含む特定の期間の賃料額について確認を求めることを明確にしておく方法が考えられます。

　この点、特定の期間の賃料額の確認を求めなくとも、前訴において、賃

料差額の給付請求を併合して提起し、口頭弁論終結の直前に、給付請求の訴えを拡張しておけば、給付請求の判断の前提として対象期間の賃料額についても既判力が及び、B 社の後訴を排斥できるとも思われます。

しかしながら、上記最高裁判決の調査官解説[3]には、前訴の給付判決の既判力と抵触する判断は許されないものと解されるとしながらも、「本件賃料増額請求により賃料増額の効果が生じたとして賃料増額確認請求を認容することは、所有権に基づく登記請求を認容する確定判決は、前提となる所有権の存在の判断について既判力を有しないとされていることに照らし（最二小判昭和 56 年 7 月 3 日集民 133 号 241 頁）、許されうるものと考えられる」と記載されています。

これによれば、A 社が、令和元年 3 月 1 日から令和 2 年 12 月 1 日までの差額賃料の給付請求を併合して請求していたとしても、B 社は、令和 2 年 4 月 1 日から経済事情の変動が生じていたことを理由とする賃料減額確認請求訴訟を提起することは、給付請求の既判力と抵触することはなく、許され得ると解されます。

A 社としては、B 社から、訴訟外で令和 2 年 4 月 1 日に賃料減額請求をされていたのであれば、令和 2 年 4 月 1 日時点や、同時点を含む令和元年 3 月 1 日から口頭弁論終結時である令和 2 年 12 月 1 日までの期間の賃料額の確認請求を追加して、B 社からの蒸し返しを防止しておくことが安全であると思われます。

---

(3) 一般財団法人法曹会『最高裁判所判例解説民事編（平成 26 年度）』356 頁（法曹会、2017）

4 賃料増額請求後の賃料の支払

Q13

賃貸人から、賃料を月額 150 万円から月額 200 万円に増額するとの請求を受けました。賃貸人の請求に理由はないと考えていますが、今後、月額 200 万円を支払わなければ、賃料不払いの債務不履行になってしまうのでしょうか。

(1) 借地借家法 32 条 2 項本文について

借地借家法 32 条 2 項本文は、「建物の借賃の増額について当事者間に協議が調わないときは、その請求を受けた者は、増額を正当とする裁判が確定するまでは、相当と認める額の建物の借賃を支払うことをもって足りる。ただし、その裁判が確定した場合において、既に支払った額に不足があるときは、その不足額に年一割の割合による支払期後の利息を付してこれを支払わなければならない」としています。

ここで「相当と認める額」とは、賃借人において主観的に相当と認める額で足ります。ただし、従前賃料を下回ることはできません。賃借人が従前賃料を下回る額が相当であると考える場合には、賃料減額請求権を行使すべきだからです。また、対象物件の公租公課等の額を下回ることもできません。支払賃料が公租公課を下回ってしまうと、むしろ賃貸人の費用負担で貸し付けているに等しく、もはや賃貸借契約とはいえなくなってしまうからです。

この点、最判平成 5 年 2 月 18 日裁集民 167 号下 129 頁は、借地に関する事案ではありますが、賃料増額請求を受けた後、賃借人の供託していた賃料額が後日訴訟で確定した適正賃料に比して約 5.3 分の 1〜3.6 分の 1 で

あっても、その額が土地の公租公課の額を下回るとの事実が認定されない限り、著しく不相当ということはできず、また、供託人において供託賃料額が隣地の賃料に比べてはるかに低額であることを知っていたとしても、主観的に相当と認めた賃料額を支払っている限り賃貸人から解除はできないとしています。また、同じく借地の事案ですが、最判平成 8 年 7 月 12 日裁集民 179 号 589 頁は、地代について、賃借人が主観的に相当と認めていたとしても、賃貸人が負担すべき目的物の公租公課の額を下回り、そのことを賃借人が知っていたときは、特段の事情がない限り、債務不履行となり解除の余地があると判示しました。

　したがって、賃料増額の裁判が確定するまでの間は、賃借人は、従前の賃料額が対象物件の公租公課を上回っている限り、これを支払い続ければ足りると考えられます。賃借人においてどんなに「主観的に相当」と考えていたとしても、従前賃料や公租公課を下回る低額の賃料支払を継続していると、賃料不払による信頼関係破壊を理由に契約を解除されてしまう場合があります（千葉地判昭和 61 年 10 月 27 日判時 1228 号 110 頁、横浜地判昭和 62 年 12 月 11 日判時 1289 号 99 頁、福井地判平成 4 年 2 月 24 日判タ 831 号 54 頁、東京地判平成 25 年 8 月 20 日ウエストロー）。

(2) 設例について

　本件でも、賃借人は、従前賃料が公租公課を下回っている等の特段の事情がない限り、直ちに月額 200 万円を支払わなければならないというものではありません。

　したがって、賃料増額の裁判が確定するまでは、従前賃料である月額 150 万円を支払っていれば、原則として債務不履行にならず、賃貸借契約を解除されることもありません。

　なお、借地借家法 32 条 2 項ただし書によれば、賃借人は、賃料を月額

200万円に増額する旨の判決が確定した後においては、不足額に年1割の利息を付して支払わなければ債務不履行となります。差額賃料の額にもよりますが、増額の裁判確定後も、不足額を支払わないことが、解除原因となる場合があるでしょう（ Q44 参照）。

　また、「増額」請求を受けた賃借人が従前賃料を上回る賃料を支払っていたところ、裁判の結果として、支払賃料よりも相当賃料が「低い」と認定された場合の取扱いについては、借地借家法上の規定がありません。この場合、賃貸人が従前賃料の支払を受けていた場合には過払い金を返還しなければなりませんが、年1割の利息を支払う必要はなく、民法所定の利息を支払えば足りると解されています（東京高判平成24年11月28日判タ1387号219頁、 Q45 も参照）。

5 賃料減額請求後の賃料の支払

Q14

賃借人は、賃貸人に対し、賃料を月額 200 万円から月額 150 万円に減額するとの請求をしました。賃借人は、今後、月額 150 万円の賃料を支払っていれば、債務不履行にはならないでしょうか。

(1) 借地借家法 32 条 3 項本文について

借地借家法 32 条 3 項本文は、「建物の借賃の減額について当事者間に協議が調わないときは、その請求を受けた者は、減額を正当とする裁判が確定するまでは、相当と認める額の建物の借賃の支払を請求することができる。ただし、その裁判が確定した場合において、既に支払を受けた額が正当とされた建物の借賃の額を超えるときは、その超過額に年 1 割の割合による受領の時からの利息を付してこれを返還しなければならない」としています。

そして、減額請求を受けた者、すなわち賃貸人が「相当と認める額」とは、社会通念上著しく合理性を欠くことのない限り、賃貸人において主観的に判断することができます（東京地判平成 20 年 5 月 29 日ウエストロー）。ただし、特段の事情がない限り、従前賃料と同額と推定されるとする裁判例があります（東京地判平成 10 年 5 月 29 日判タ 997 号 221 頁）。

また、賃借人は、賃料減額請求権を行使しても、賃料減額の裁判が確定するまでの間は、原則として、従前の賃料額を支払う必要があり、これを下回る賃料を支払い続けた場合には契約解除原因になる場合があります（東京地判平成元年 3 月 6 日判時 1343 号 75 頁）。

もっとも、東京地判平成 9 年 10 月 29 日判タ 981 号 281 頁は、賃借人が

減額請求を行い、従前賃料よりも低い金額（ただし、裁判所が認定した相当賃料額よりも月額1万290円少なく、その相当賃料に対する割合は約2.5％程度でした）を支払っていた事案において、「借地借家法32条3項は旧借家法7条を踏襲するものであり、同条においては減額請求をした賃借人は『相当と認める額』を提供しなければならないけれども、その額が著しく不合理でなければ、相当賃料を下回るときは差額に年1割の利息を付して支払えば解除されることはない趣旨であると解されていたのであり、借地借家法32条3項が右解釈を変更するものでないことは、各条項の文言の類似性、立法経過からも明らかである」と説示して、賃貸人による債務不履行解除を認めませんでした。

　このように、賃借人の支払額が著しく不合理でなければ、例外的に、従前賃料額を支払わなくても債務不履行にならない場合もあります。

(2)　設例について

　本件でも、賃借人が賃料減額請求権を行使したからといって、減額後の月額150万円を支払っていればよいということはなく、従前賃料である月額200万円を支払わなければ、原則として債務不履行になります。

　また、賃借人が主張する減額幅は月額50万円（従前賃料の25％相当額）であり、裁判所が認定する相当賃料の金額如何にもよりますが、賃借人の支払額として「著しく不合理」であったと評価される可能性があります。その場合に、賃貸借契約が解除されることのないように、従前賃料額を支払っておくのが無難な場合も多いのではないかと思われます。

　なお、借地借家法32条3項ただし書によれば、賃料を月額150万円に減額する旨の判決が確定した後において、過払い金があるときは、賃貸人は、過払い金に年1割の利息を付して返還しなければなりません。

　また、「減額」請求をして従前賃料を下回る賃料を支払っていたところ、

裁判の結果として、支払賃料よりも相当賃料が「高い」と認定された場合には、借地借家法上の規定がありません。この場合、賃借人が従前賃料しか支払っていなかった場合には不足額を支払わなければなりませんが、年1割の利息を支払う必要はなく、民法所定の利息を支払えば足りると解されています（Q46 参照）。

3 賃料増減額請求権の行使が制限される場合

1 賃料増減額請求権の行使を制限する特約の効力

Q15

　テナントビルの一区画を借りて店舗を運営しています。賃貸借契約書に、賃貸借開始後 3 年間は賃料を据え置くといった特約がありますが、賃貸人に対して賃料増減額請求権を行使できますか。賃料の増減額は当事者の協議により決定するという特約がある場合はどうですか。

(1)　借地借家法 32 条 1 項の強行法規性

　借地借家法 32 条 1 項の賃料増減額請求権の規定は強行法規であるとされており、一定の期間建物の借賃を増額しない旨の特約を除き、特約によっても賃料増減額請求権の行使は妨げられないとされています（最判平成 15年 6 月 12 日民集 57 巻 6 号 595 頁）。

　借地借家法 32 条 1 項が強行法規であるとされているのは、同条の文言上、建物の借賃が不相当となったときは「契約の条件にかかわらず」建物の借賃の額の増減を請求することができるとされていることに加えて、実質論としても、不相当となった賃料で一方当事者を拘束することが建物賃貸借という継続的契約関係における信義則に反するためなどとされています。

　なお、借地借家法 32 条 1 項の強行法規性は、特約そのものを無効とするのではなく、特約にかかわらず権利行使を可能とするものですので、特約があることを前提に行われた賃料の授受が事後的に無効となるわけではあ

りません[1]。

　また、特約がある場合とない場合とで全く同列かというと、必ずしもそうではありません。Q3でも述べたように、現行賃料が不相当になっているかどうかを判断するに当たっては、経済事情の変動といった客観的要素のみならず、契約締結時に賃料が合意されるに至った経緯等も考慮されます。そのため、契約締結時に当事者間で一定期間は賃料を据え置く旨の特約を設けたことについても、現行賃料が不相当になっているかどうかを判断するための一事情として考慮されることになります。

　さらに、当事者間で特約が設けられた経緯に鑑み、賃料増減額請求権の行使が権利濫用や信義則に反するとして遮断されたケースもあります（東京高判平成11年10月6日金判1079号26頁）。

(2)　事前協議特約

　ところで、仮に賃貸借契約書の中に、賃料の増減額は当事者の協議により決定するという特約がある場合、賃料増減額請求権の行使自体は妨げられないとしても、当該請求権行使の前提として、必ず事前協議を経たり、協議を尽くしたりすべき義務はあるでしょうか。

　この点について、最判昭和56年4月20日民集35巻3号656頁は、そのような特約は、できる限り訴訟によらないで解決しようという合意に過ぎず、事前に必ず協議を経たり、協議を尽くすべき義務を負ったりするものではないとして、賃借人が事前協議を経ずに賃料減額請求権を行使したことを有効としています。

---

(1)　杉原則彦「地代等自動改定特約と借地借家法11条1項」ジュリスト1256号184頁（2003）

2 賃料の自動改定特約の効力

Q16

テナントビルを借りて店舗を運営していますが、賃貸借契約書では、賃料について３年毎に３％ずつ増額する旨の自動改定特約が設けられています。そもそもそのような特約は有効なのでしょうか。そのような特約がある場合でも、特約に反して賃料減額請求をすることができますか。

(1) 自動改定特約の有効性

　時間の経過や一定の基準に従って当然に賃料を改定することを合意する場合があり、これを自動改定特約（スライド条項）といいます。

　借地借家法32条1項の賃料増減額請求権の規定は強行法規であるとされており、一定の期間建物の賃料を増額しない旨の特約を除き、特約によっても賃料増減額請求権の行使は妨げられないとされています。そこで、賃貸借契約で自動改定特約が設けられている場合に、賃料増減額請求権を行使できるかが問題となります。

　この点、当事者は賃料を自由に合意できる以上、賃料自動改定特約を合意することも当事者の自由であり、その内容が借地借家法の規定する経済事情の変動等を示す指標に基づく相当なものである限り有効とされています（最判平成15年6月12日民集57巻6号595頁）。

　一方、かかる自動改定特約を不相当とする特別の事情の主張立証があった場合には、当該特約の効力は生じないと解されます（東京地判平成9年1月31日判タ952号220頁）。

（2）　自動改定特約に反する賃料増減額請求

　自動改定特約を前提とした合意賃料が時の経過により事後的に不相当となった場合には、契約当事者は自動改定特約に拘束されずに、法定の賃料増減額請求権を行使することができます（最判平成 15 年 6 月 12 日民集 57 巻 6 号 595 頁、最判平成 15 年 10 月 21 日民集 57 巻 9 号 1213 頁）。これは、賃料増減額請求権の強行法規性を理由に自動改定特約自体が直ちに無効となるものではなく、時の経過により事後的に合意賃料が不相当となり、特約の合理性が失われたときは、特約の効果も失われるという理論構成を採ったものとされています。

　ただし、 Q3 でも述べたとおり、現行賃料が不相当になっているかどうかを判断するに当たっては、経済事情の変動といった客観的要素のみならず、契約締結時に賃料が合意されるに至った経緯等も考慮されます。そのため、契約締結時に当事者間で賃料の自動改定特約を設けたことについても、現行賃料が不相当になっているかどうかを判断するための一事情として考慮され得ます。前掲の最判平成 15 年 10 月 21 日民集 57 巻 9 号 1213 頁でも、「賃料自動増額特約が付されるに至った経緯」が考慮要素とされています。

　なお、賃料の自動改定特約があり、それに基づき一定期間毎に賃料が自動的に増額されている場合でも、「直近合意時点」については、各増額時点ではなく、自動改定特約の設定を行った契約が適用された時点とすべきであることについては、 Q6 で述べたとおりです。

3 賃料の不増額特約の効力

Q17

テナントビルを貸していますが、賃貸借契約書では、賃料について20年間は増額しない旨の特約があります。この特約に反して賃料増額請求をすることができますか。

(1) 一定期間建物の借賃を増額しない旨の特約

借地借家法37条は、同法31条、34条及び35条の規定に反する特約で建物の賃借人等に不利なものは無効とするとして片面的な強行法規性を定めています。これに対し、同法32条1項の賃料増減額請求に関する強行法規性は、そうした賃借人に不利なもののみ無効とする片面的なものではなく、賃貸人の賃料増額請求権についてもこれを排除することはできません。

もっとも、借地借家法32条1項ただし書では、一定の期間建物の借賃を増額しない旨の特約がある場合には、仮に当該期間中に現行賃料を不相当とする事情が生じても、賃貸人は賃料増減額請求権を行使することができないとしています。

そのため、例えば賃貸借開始後3年間は賃料を据え置くといった特約がある場合、賃借人による賃料減額請求権の行使は制限されませんが、賃貸人は、当該期間中はたとえ従前の賃料が不相当になったとしても賃料増額請求権を行使することはできません。

(2) 「一定期間」はどれくらい長く定められるか

借地借家法32条1項ただし書にいう「一定期間」とは、具体的にどれくらいの期間まで定めることができるのでしょうか。

賃貸人による賃料減額請求権の行使制限期間を余りに長く設定し得るとすれば、事実上、当該権利行使を認めないのと同義になってしまうため、当該特約の有効性は、当該賃貸借の経緯、その他の契約条件のほか、従前賃料決定時及び特約の効力を判断する時点における社会、経済情勢の変動の程度並びに不相当性の程度等を総合的に考慮して決定されるべきとされています[2]。この点、横浜地判昭和39年11月28日判タ172号212頁は、不増額特約の期間がかなり長期にわたり、その間に経済事情の激変があり、その激変が特約当時の当事者の予測を大きく超えるものであって、特約の拘束力を認めると著しく公平に反する結果となるときは、「事情変更の原則」の適用によって本条の賃料増額請求権が認められることがあるとされています。

　なお、特に期限を定めずに不増額特約を定めていたとしても、当該特約が直ちに無効となるわけではなく、相当な期間は賃料増額請求権を行使できないと解することになり、その場合の相当な期間とは、上記の期間の定めのある不増額特約の有効性と同じ判断になるとされています[3]。

---

(2) 田山輝明ほか『新基本法コンメンタール　借地借家法【第2版】』208頁〔澤野順彦〕（日本評論社、2014）

(3) 田山輝明ほか『新基本法コンメンタール　借地借家法【第2版】』208頁〔澤野順彦〕（日本評論社、2014）

4 サブリース契約の場合

Q18

不動産業者からの誘いで、銀行から融資を受けて私の土地上にアパートを建築し、不動産業者はそれを一括で借り上げて転貸に出し、転貸収入の一部を私が収益として受け取っています。ところが、今般、不動産業者から、収益状況が芳しくないとして賃料の引下げを求められています。不動産業者からの賃料収入が減ると、銀行に対する借入金の返済ができなくなってしまいます。応じなければならないのでしょうか。

(1) サブリース契約とは

　サブリース契約とは、不動産業者（サブリース業者）が土地所有者の建築した建物を一括で借り上げて自らの採算で転貸事業を行い、転貸収入の一部を賃料として所有者に対して支払う契約スキームをいいます。

　不動産業者としては、用地や建物を自ら取得せずに賃料と転貸料の差額で収益を上げることができ、所有者は不動産業者に物件を一括で借り上げてもらうことで空室リスクを回避し、安定的な賃料収入を得ることができるメリットがあります。こうしたことから、サブリース契約では、サブリース業者による賃料保証や、中途解約の禁止条項が設けられていたりすることが多いとされています。

　サブリース契約の形態には色々なバリエーションがありますが、サブリース業者に用地の確保から建物建築、賃貸管理まで一括して委託したり、予め不動産業者が行った収支予測に基づき金融機関からの借入れを受けて建物を建築したりするケースも多く、土地所有者にしてみればどちらかと

いうと投資活動に近いということができます。

(2) サブリース業者による賃料減額請求権の行使は可能か

　サブリース契約は、不動産事業に精通した専門のサブリース業者が手掛けるのが一般的であり、予め将来の収益予測を立てて、建物建築やそのための資金調達、契約条件の設定、賃貸管理方針の策定など、全体的なプランニングに関わり、土地所有者に提案するのが一般的です。これに対し、土地所有者は、相続によりたまたま自己使用しない土地を取得したなど、不動産事業には不慣れな一般個人であるという場合も少なくありません。

　このように、サブリース契約は形式的には建物賃貸借の形をとっていても、いわば不動産業者と土地所有者との共同事業と見ることができ、かつその力関係には差があることから、賃借人であるサブリース業者に借地借家法に定める強固な賃借人保護の規定を及ぼす必要はなく、思ったような収益が得られなかったからといって、サブリースが自身の将来予測に基づき積極的に取り決めに関わった賃料額について自由に減額請求権の行使を認めるのはおかしいのではないか、という疑問が生じます。とりわけ、設問のように土地所有者が建物建築費用のために金融機関から多額の借入れを受けている場合、その返済はサブリース業者からの賃料収入によって賄われることがスキーム上想定されているため、サブリース業者が事後的に自由に賃料減額請求権を行使して賃料が減額されてしまうと、借入金の返済ができなくなってしまうおそれもあります。

(3) サブリース契約に関する2つの最高裁判例

　最高裁判所は、平成15年に3つの判決を言い渡し、基本的な考え方を示しています（①最判平成15年10月21日民集57巻9号1213頁、②最判平成15年10月21日裁集民211号55頁、③最判平成15年10月23日裁集民

211 号 253 頁)。

　すなわち、最高裁は、サブリース契約であっても建物賃貸借契約であることに変わりはないため、特段の事情のない限り、賃料増減額請求に関する借地借家法 32 条の規定も適用され、賃料自動増額特約があっても賃料減額請求権の行使が妨げられるものではないとしました。ただし、最高裁は、減額請求の当否及び相当賃料額を判断するに当たっては、賃貸借契約の当事者が賃料額決定の要素とした事情その他諸般の事情を総合的に考慮すべきであるとした上で、特にサブリース契約における賃料額や賃料自動増額特約（あるいは賃料保証特約）は、建物所有者が多額の資本を投下する前提となったものであって、当初賃料額を合意する際の重要な要素になった事情であるから、賃料増減額請求の当否や相当賃料額を判断する際にも十分考慮されるべきであるとしました。

　このような判断を受けて、上記③の差戻後の東京高判平成 16 年 12 月 22 日判タ 1170 号 122 頁では、サブリース業者側の賃料減額請求自体は認めつつも、サブリース契約の場合には通常の賃貸借のように賃料の鑑定額をもって直ちに相当賃料額であるということはできないとして、上記のとおり最高裁が考慮すべきとした事項を踏まえ、特に土地所有者が当該事業を行うに当たって考慮した予測収益や、それに基づく建築資金の返済計画をできるだけ損なわないようにしなければならないとし、最終的には、同時期に変動金利による借入れ金利が下がり、その分土地所有者の負担が軽減されたことを勘案して、相当賃料額を認定しています。

（4）　賃貸住宅の管理業務等の適正化に関する法律

　サブリース事業について、家賃保証等の契約条件の誤認を原因とするトラブルが多発し、社会問題化したことなどから、賃貸住宅の管理業務等の適正化に関する法律が制定され、令和 2 年 12 月 15 日に、サブリースの広

告・勧誘等のサブリース業者と所有者との間の賃貸借契約の適正化に関する措置が施行されました。

　これによれば、サブリース業者等は、サブリース契約の締結前に、賃貸人に対し、家賃の設定根拠について、近傍同種の家賃相場を示すなどして記載の上、当初の家賃が契約期間中変更されることがないと誤認しないよう、家賃改定のタイミングについて説明し、当初の家賃が減額される場合があることを記載し、説明することや、契約において家賃の改定日が定められていても、その日以外でも、借地借家法に基づく減額請求が可能であることについて記載し、説明するものとされています（同法30条、同規則46条3項、国土交通省作成の同法の解釈・運用の考え方27頁）。

5 オーダーメイド型の賃貸借の場合

Q19

父から相続した遊休地について、倉庫業を経営する事業者から、同土地上に同社の要望どおりの特殊な倉庫を私の方で建築し、それを長期にわたって借り受けたいとの提案がありました。建物の建築は当該事業者から建設協力金の提供を受けてこれを行い、賃貸開始後は取り決めた賃料額から建設協力金の返済分を差し引いて支払を受けるため、私に損は発生しないと言われています。この場合でも、賃借人である事業者は賃料減額請求権を行使することができるでしょうか。

(1) オーダーメイド型の賃貸借

土地所有者が、賃借人予定者の要望どおりの建物を建築し、それを賃借人に賃貸する契約方式を、オーダーメイド型の賃貸借といいます。

オーダーメイド型の賃貸借では、賃貸人が賃借人のために汎用性を犠牲にして建物を建築しているため、合意賃料を賃借人から安定的に得られることに対する賃貸人の期待が通常よりも高いといえます。

また、こうしたオーダーメイド型の賃貸借では、賃借人候補者が土地所有者に建設協力金を提供し、これを原資として建物建設が行われるケースが多くあります。かかる建設協力金については、その実質は貸付金であり、毎月の賃料と相殺することで返済していくことが取り決められるケースがほとんどです。そのため、オーダーメイド型の賃貸借では、予め資金計画を綿密に策定した上で賃料についても設定されており、その点でも合意賃料が維持されることに対する賃貸人の期待は通常よりも高いといえます。

そこで、このようなオーダーメイド型の賃貸借では、借地借家法32条1

項の賃料増減額請求権の規定は排除されるのではないかということが問題になります。 Q18 で見たとおり、サブリース契約に関する最高裁判例では、「特段の事情」のない限り賃料増減額請求に関する借地借家法32条の規定も適用され、賃料保証特約によってもその適用は排除されないとされているところ、オーダーメイド型の賃貸借については、さすがにそうした「特段の事情」があるといえるのではないかということが問題になるのです。

(2) オーダーメイド型賃貸借における 賃料増減額請求権行使の可否

この点については、賃借人の要望どおり公衆浴場が建築されて賃貸に供されたオーダーメイド型の賃貸借の事案で、衡平の見地から賃料減額請求をしない旨の特約の効力は否定されないとする裁判例（東京高判平成15年2月13日判タ1117号292号）もありましたが、最判平成17年3月10日民集216号389頁は、大型スーパーストアの店舗として使用するために賃借人の要望に沿って建物が建築され、3年毎に賃料を増額する旨の特約を付して賃貸借契約が締結された事案において、「本件賃貸借契約が締結された経緯や賃料額が決定された経緯が上記のようなものであったとしても、本件賃貸借契約の基本的な内容は、被上告人が上告人に対して本件建物を使用収益させ、上告人が被上告人に対してその対価として賃料を支払うというもので、通常の建物賃貸借契約と異なるものではない。したがって、本件賃貸借契約について賃料減額請求の当否を判断するに当たっては、前記のとおり諸般の事情を総合的に考慮すべきであり、賃借人の経営状態など特定の要素を基にした上で、当初の合意賃料を維持することが公平を失し信義に反するというような特段の事情があるか否かをみるなどの独自の基準を設けて、これを判断することは許されない」と判示し、オーダー

メイド賃貸借であることだけを理由に賃料減額請求を否定したり、適正賃料額の判断において独自の基準を設けるたりすることは許されないとしています。

　もっとも、Q3 でも見たように、賃料減額請求の当否及び相当賃料額を判断するに当たっては、賃貸借契約の当事者が賃料額決定の要素とした事情その他諸般の事情が総合的に考慮されるため、オーダーメイド型の賃貸借における特質、すなわち、オーダーメイド型の賃貸借では土地所有者が賃借人のために汎用性を犠牲にして建物を建築しており、建設協力金も賃料との相殺により返済していくことが想定されているため、合意賃料が維持されることに対する賃貸人の期待が通常よりも高いことは、賃料減額請求の当否及び相当賃料額を判断するに当たって当然に考慮されるべきことになります。

　なお、上記最高裁判決の後に出された東京高判平成 19 年 9 月 12 日判時 2027 号 19 頁は、賃貸人が賃借人の要望に従って同社の事業に適した建物を建築したという事案で、もともと賃貸人と賃借人がグループ企業で、グループとしての協力関係からそのような建築を行ったものであり、賃貸人が賃借人のために汎用性を犠牲にして建物を建築する一般的なオーダーメイド賃貸借とは趣を異にするとして、オーダーメイド賃貸借であることを理由に当初の合意賃料を維持することに重きを置いた原判決を変更しており、賃料額決定の要素とされた事情を総合考慮した例として参考になります。

6 定期建物賃貸借契約の場合

Q20

所有している建物について、不動産業者からサブリースで賃貸に出さないかと勧められています。不動産業者によれば、建物は定期建物賃貸借契約を利用して転貸に出すそうで、私との賃貸借契約も、定期建物賃貸借契約にしてほしいと言われています。その場合、私は、賃料増額請求をすることができるのでしょうか。

(1) 定期建物賃貸借契約

平成12年3月1日の借地借家法の施行により、書面で契約することや事前に書面で説明すること等を条件に、更新がなく期間満了により確定的に終了する定期建物賃貸借契約を締結することができるようになりました（借地借家法38条）。ただし、施行日である平成12年3月1日よりも前に締結された居住用建物賃貸借契約については、たとえ当事者間で既存の普通賃貸借契約を合意解約して新たに定期借家契約を締結したとしても、有効な定期借家契約となりませんので、注意が必要です（借地借家法改正附則（平成11年12月15日法律第153号）3条を参照）。

これは、普通建物賃貸借では当事者間で契約期間満了後に更新しない旨の合意をしても無効とされ（借地借家法30条）、契約期間満了時の更新拒絶は正当事由がある限られた場合にのみなし得る（同法28条）など、契約自由の原則よりも賃借人保護を優先させる法的規制がなされているところ、そうした制約によって借家の供給や流動性が阻害されているとの批判もあったため、一定の要件を充足することを条件に規制を緩和し、契約自由の原則を通用させることとしたものです。

(2)　特約による賃料増減額請求権の排除

　借地借家法32条1項の賃料増減額請求権の規定は強行法規とされており、一定の期間建物の賃料を増額しない旨の特約を除き、特約によっても賃料増減額請求権の行使は妨げられません。

　これに対し、定期建物賃貸借契約については、特約で賃料増減額請求権に関する借地借家法32条1項の適用を排除することができるとされています（同法38条7項）。これは、上記 **(1)** のとおり定期建物賃貸借契約制度自体が契約自由の原則を本旨とするため、賃料増減額請求権の行使についても契約当事者の合意で排除し得るとされているのです。

(3)　設問の事例に対する回答

　本件では、単に定期建物賃貸借契約であるというだけでは、賃料増額請求ができないということにはなりません。

　もっとも、契約書の中に賃料を増額しない旨の特約がある場合には、原則として賃料増額請求はできません。しかしながら、借地借家法32条1項の適用を排除する特約がなされたとしても、民法の一般条項の適用までは排除できないとされていますので、契約締結時に予見することができなかった著しい経済事情の変動などがあった場合には、事情変更の原則や信義則の適用によって賃料の増額を請求し得ると考えられます。

　なお、賃料改定特約は、賃料を客観的に定めるものであって、借地借家法32条1項の規定を排除するに足りる合意でなければならないとされています。

　本件において、例えば「当事者協議の上、賃料を増額しないことができる」というような特約であれば、借地借家法32条1項の規定を排除するものとはいえないと考えられます。

　テナントビルの一区画を借りて店舗を営んでいます。賃貸借契約では、賃料として店舗の売上に一定割合を乗じた金額を支払うことになっていますが、賃貸人から、店舗の売上が落ちて十分な賃料収入にならないとして、固定賃料にするよう求められています。そのような請求は可能なのでしょうか。

（1）　売上歩合賃料制

　建物の賃料は、建物を貸すことの対価として授受されるのであって、建物で行われる営業に対する対価として授受されるのではありません。そのため、一般に賃料は固定額で取り決めるのが通常ですが、物販販売店舗等の経営を目的とする賃貸借契約の場合に、売上に応じて変動する賃料を設定することがあります。

　こうした売上歩合賃料制の場合、賃借人は、売上が減ってもそれに比例して賃料負担額も下がりますので、想定した売上が得られない場合に賃料負担の方が多くなって費用倒れになるということを危惧する必要がありません。一方で、賃貸人としても賃借人の事業がうまく行けばより多くの賃料収入が得られますが、賃借人の事業がうまく行かないと、想定した賃料収入が得られずに、かえって建物の維持管理費の方が上回ってしまうということもあります。完全歩合賃料制だとそうしたリスクがあるため、定額部分と売上歩合部分を組み合わせた併用型賃料制を採っているケースもあります。

　こうした売上歩合賃料制を採っている場合に、借地借家法32条1項に定

める賃料増減額請求権を行使することができるでしょうか。売上歩合賃料制では、賃借人の営業成績が芳しくなく賃貸人が不利益を受けるケースがあり、そうした場合に賃料増額請求権を行使できるかが問題となります。特に、完全歩合賃料制を採用している場合に、賃貸人の方から賃料増額請求権を行使して固定賃料制への変更を求められるでしょうか。賃貸人としても賃借人の営業成績が上がればより多くの賃料が得られると期待して完全歩合賃料制にしたわけであり、賃借人の営業成績が思ったほど上がらずに不利益を受けたとしても、結局のところ見込み違いでしかなく、事後的に固定賃料制への変更を求めるのは不公平ではないか、という問題意識があるのです。

(2)　完全歩合賃料制から固定賃料制への変更

　最判昭和46年10月14日裁集民104号51頁は、店舗用建物を賃料について完全歩合制として賃貸していたところ、営業成績により実際の賃料支払額が低廉な額になっていたため、賃貸人が賃料増額請求権を行使して賃料を一定額にすることを求めたという事案で、建物の賃貸借契約が営業利益分配契約的要素を具有しているということだけでは、直ちに借家法7条（現・借地借家法32条）の適用を否定する理由となるものではなく、同条本文所定の要件を充足するときは、当事者はその賃料の増減額を請求することができるとして、完全歩合賃料制から固定賃料制への変更（増額）を認めた控訴審判決を維持しました。

　この事案では、当初の契約締結時に当事者間で詳細な歩合率表まで定められており、さらに、賃貸借契約では、当該歩合について、経済状態の変動、物価の高低が著しい場合には協議して変更できる旨の約定もされていましたが、歩合の割増しではなく固定賃料制への変更という形で賃料増額請求が認められており、興味深い判決といえます。

(3) 完全歩合賃料制から併用型賃料制への変更

　一方で、広島地判平成19年7月30日判時1997号112頁は、駅ビルの一区画を賃料について完全歩合賃料制として賃貸したところ、賃貸人が賃料増額請求権を行使して定額部分と売上歩合部分を組み合わせた併用型賃料制にするよう求めたという事案で、裁判所は賃貸人の請求を認めず、予備的請求である固定賃料制への変更の限度で賃貸人の請求を認めるにとどめました。

　その理由として、裁判所は、上記の昭和46年最高裁判例を踏襲しつつも、併用型賃料制は、賃借人の売上が一定の水準に満たない場合であっても賃貸人は最低保証賃料によって一定の水準の賃料収入を確保できる一方で、賃借人の売上が一定の水準を超える場合には一定の歩合賃料の支払を受けられるから、完全歩合賃料制と比較して賃貸人に有利なものであると考えられ、特段の事情がない限り、賃貸人が、賃料増額請求権の行使として一方的な意思表示により完全歩合賃料制から併用型賃料制への変更を求めることはできないと解するのが相当である、としています。

　ただし、一言で併用型賃料制といっても、最低保証額を設ける代わりに売上高に乗じる割合を完全歩合の場合よりも低くするといったこともあり得、完全歩合賃料制から併用型賃料制に変更することが一方的に賃貸人に有利かどうかは、個別事案によって異なるとも考えられます。

(4) 併用型賃料制の場合に定額部分だけを対象として
　　 増減額請求できるか

　他方で、賃料が定額部分と売上歩合部分から成る併用型賃料制を採っている場合に、定額部分だけを対象として賃料増減額請求権を行使できるでしょうか。

　この点について、東京地裁八王子支判平成15年2月20日判タ1170号

217 頁は、賃借人が併用型賃料制のうち定額部分についてのみ賃料減額請求を行ったという事案で、定額部分についてのみ賃料減額請求を行うことも借地借家法の趣旨に反しないとしてこれを認めています（なお、同事件の控訴審判決である東京高判平成 16 年 1 月 15 日金商 1184 号 31 頁は、原判決を取り消して賃借人による賃料減額請求を棄却しましたが、定額部分についてのみ賃料減額請求を行うことは否定していません）。

8 業務委託（経営委託）契約の場合

Q22

　当社は、自社で保有するホテル用建物を用いてホテル経営を行って
います。一部のホテル用建物は外部業者にホテル運営を委託しており、
外部業者とは業務委託契約を締結し、当社の定める運営方針に従って
ホテルを運営してもらっています。外部業者からは、建物の使用料と
して売上の一定割合を収受しています。今般、外部業者から、ホテル
の売上状況が厳しいとして建物使用料を下げてほしいとの要請があり
ました。当社はこのような要請に応じる義務があるでしょうか。

（1）　業務委託か賃貸借か

　百貨店やショッピングセンター、ホテルなどでは、施設の運営者が外部
の業者に施設の全部や一部を使用させて営業を行わせること（第三者営業
方式）がよくあります。

　そうした場合に、施設の運営者が外部業者に施設を利用させ、その対価
を収受するものとして賃貸借性が認められるのか、それとも単に施設の運
営者が自ら行う業務の一部を外部業者に委託しているだけなのかが問題に
なることがあります。

（2）　賃貸借契約書が作成されている場合

　まず契約書に賃貸借である旨の記載があれば、通常は賃貸借性が肯定さ
れます（東京地判平成 22 年 2 月 25 日ウエストロー）。賃借人保護の規定を
多く伴う借地借家法の適用があることは、基本的に賃貸人に不利な事情と
なりますので、当事者間であえて賃貸借と明記して契約をしている以上は、

賃貸借性が認められるべきと考えられるためです。

　また、横浜地判平成 19 年 3 月 30 日金商 1273 号 44 頁は、大規模百貨店の賃料について、併用型賃料制に加え、改定期における別の要素を組み入れて賃料を決める方式が採られていた事案において、百貨店建物の利用契約が賃貸借契約としての性質を有するとした上で、それ以外に賃貸人と賃借人との共同事業的な側面もあると考えられるが、そうした側面は賃貸借契約という性質と両立し得ないものではないとして、賃料増減額請求が可能であると判断しています。

　もっとも、賃料増減額請求の可否を判断するに当たっては、そうした共同事業的性質を有することは個別事情として十分考慮されます。東京地判平成 27 年 1 月 26 日判時 2256 号 60 頁は、建物を賃借してホテル事業を行っている賃借人が、賃貸人に対して賃料減額請求を行ったという事案において、当事者間で成立している賃貸借契約が共同事業的な側面を有することを前提に、賃料額については当事者それぞれが事業の性質や内容、リスク等を踏まえて合意されており、ホテルの売上減少に伴い約定賃料が過大になる状況が生じたとしても、かかるリスクを直ちに他方当事者に転稼させないのが当事者の基本的な意思に合致し、当事者の衡平にかなうとして、賃料減額請求を認めませんでした。

(3)　業務委託契約書が作成されている場合

　一方、契約書が形式的には業務委託契約書や営業委託契約書として作成されている場合でも、その内容によっては賃貸借性が認められることもあります。

　この点について、東京地判平成 12 年 11 月 30 日ウエストローは、「店舗の利用関係を定める契約の法的性質は、当該契約の契約書に用いられている契約の名称や用語のみで直ちに決定されるものではなく、契約書の他の

条項、特に、損益の帰属、支払金額、営業上の指揮監督等に関する規定や、営業の実状、実態等をも考慮して、その実質に即して決定されるというべきであるところ、右判断の際には、当該契約にかかる契約書の体裁、名称、用語、契約条項の規定及びその内容に加えて、当事者の取引経験、当事者の事業規模、当該店舗の存する事業施設の規模、性格、当該店舗の用途、当該事業施設又は当該店舗の立地条件、当該店舗の構造、当事者が当該契約を締結するに至る経緯、契約締結時における当事者の意思、当該店舗における仕入、販売等の営業の実態、営業主体としての店舗の管理状況等、内装、設備、什器備品その他の費用負担、当該店舗における従業員の雇用状況、営業の指揮監督状況、売上げの計算管理方法、当該店舗の利用に関して支払われるべき金員の支払方法、計算方法、営業損益の帰属、等々の諸事情が勘案されるべきである」としています。

　したがって、設問の事例においても、単に形式的に業務委託契約書が締結されているからといって直ちに賃貸借性が否定されるわけではなく、契約内容やホテル運営への関与状況等によっては賃貸借性が肯定される場合もあり得ることを念頭に交渉を進めるべきでしょう。

　総合小売店との業務委託契約に基づき建物の一角で飲食店を営んでいたという同じような事案で、賃貸借性について異なる判断がされたものとして、大阪地判平成4年3月13日判タ812号224頁（スパゲッティ店）と、東京地判平成8年7月15日判時1596号81頁（パン屋）があります。いずれの事案でも小売店運営者が飲食店から売上金の一定割合を収受していたという点で共通しますが、前者では、店舗の場所が小売店側の都合で自由に変えられるとされていたこと、権利金や敷金、保証金等の授受もないこと等を理由に、賃貸借ではなくあくまで販売業務委託契約であると認定されました。これに対して後者では、店舗が長期間にわたり同じ場所で営まれており、小売店がその営業に一切関知していなかったこと、保証金の授

受がなされていること等を理由に、実質的には賃貸借契約であるとしました。これらの裁判例を比較すると、特に施設運営者側が外部業者の営業に関与しているかどうかが、大きなメルクマールの一つになるのではないかと考えられます。

(4) 設問について

　設問の事例では、形式的には業務委託契約に基づき外部業者はホテル用建物を使ってホテルを営んでいますが、例えば施設の運営者側が外部業者に事業計画案や予算案の作成・提出を求めることができるなど、運営者が賃借人の営業に一定程度関与ができるようになっていたりすると、業務委託契約性が認められやすくなるでしょう。その場合には、外部業者は借地借家法32条1項に基づく賃料減額請求権の行使として建物使用料の減額を求めることはできません。これに対し、外部業者が独立採算でホテルを運営しており、施設運営者がこれに一切関知しておらず、保証金その他の一時金の授受がされていれば、賃貸借性が認められやすくなるでしょう。その場合には、外部業者は借地借家法32条1項に基づく賃料減額請求権の行使として建物使用料の減額を求めることができると考えられます。

4 借地借家法以外の賃料減額要因

1 賃借物の一部滅失等と賃料減額

Q23

当社は、令和2年6月1日にビルの一室の賃貸借契約を締結して借り受けて、入居しました。しかし、令和3年4月1日に、上階の店舗の水漏れ事故により、貸室の一部が水浸しになり、2週間の間、全く利用できませんでした。このような場合に、借地借家法32条1項に基づいて賃料減額請求ができますか。他の法律に基づいて賃料減額請求できますか。

（1） 借地借家法以外の賃料減額要因

借地借家法32条1項は、経済的事情の変動等に伴って継続的な賃料が不相当となった場合、すなわち、賃料相場に変動があった場合に減額を認める規定であり、賃料相場に変動がない本件のような事例では適用できません。

この点、賃料相場に変動がなくても、漏水事故や地震その他の事情によって物件を利用できなくなった場合には、以下のとおり、他の法律構成によって賃料減額請求をすることができます。

① 改正後の民法611条1項

平成29年の通常国会で民法の一部を改正する法律（平成29年法律第44号9）が成立し、改正民法が、令和2年4月1日に施行されました。

そして、令和2年4月1日以降に締結された賃貸借契約の場合には、改正後民法が適用されます（**Q32**の賃料債権の消滅時効の項目を参照）。

この点、改正後の民法611条1項は、「賃借物の一部が滅失その他の事由により使用及び収益をすることができなくなった場合において、それが賃借人の責めに帰することができない事由によるものであるときは、賃料は、その使用及び収益をすることができなくなった部分の割合に応じて、減額される」と規定しています。

② 改正前の民法611条1項の類推適用

令和2年4月1日よりも前に締結された賃貸借契約の場合には、改正前民法が適用されます。

改正前は、改正後とは異なり、賃借物の一部が使用収益できなくなった場合に賃料が当然減額されることを明記した条文はありませんでした。

もっとも、改正前の民法611条1項は、「賃借物の一部が賃借人の過失によらないで滅失したときは、賃借人は、その滅失した部分の割合に応じて、賃料の減額を請求することができる」と定めています。そして、この同項は、賃料の減額事由を、「滅失」に限っていますが、複数の裁判例において、賃借物それ自体の滅失に限らず、賃借物の利用価値が減少した場合にも、同項を類推適用し、賃料の減額が認められています。

例えば、東京地判昭和45年5月18日判時608号151頁は、自動車の出入りが可能な通路に接し、荷の積み降ろしや材料置場に使用できる空地に隣接する土地の上にある建物について、賃借人が、当該通路及び空地を使用することの許諾を得た上で、工場に使用する目的で賃借したところ、強制執行により、当該空地がなくなり、通路幅が狭められたことで、賃借人が工場で使用する材料や製品の搬入、搬出に著しく支障をきたすことになったという事実関係の下、「このような場合には、土地使用の許諾も賃料額決定の一要素となっているものと解するのが合理的であるから、かかる土

地の一部が賃借人の過失によらないで使用できなくなり、そのため賃借人の建物賃借の目的を損い、建物利用上の機能の一部が失われるに至ったときは、公平の見地から民法第611条を類推適用して、賃借人は賃貸人に対して建物の賃料の減額を請求しうると解すべきである」と説示しています。

③ 改正前の民法第536条1項の適用ないし類推適用

令和2年4月1日よりも前に締結された賃貸借契約の場合、前記②のほかに、改正前の民法536条1項の適用ないし類推適用という法律構成が考えられます。

すなわち、改正前の民法536条1項は、双務契約において、当事者双方の責めに帰することができない事由によって債務を履行できなくなったときに、反対債務が消滅する旨（危険負担の債務者主義）を定めているところ、賃借物の利用価値が減少した場合に、改正前の民法536条1項を類推適用した裁判例があります。

例えば、神戸地判平成10年9月24日判例秘書では、賃借人が、マンションの居室を賃借していたところ、阪神淡路大震災が発生した後、当該マンションは、「建物の効用を維持してはいるものの、平成7年1月17日以降同年3月11日までの間、上下水道及びガスが使用不能であり、同月12日以降同月31日までの間ガスが使用不能で、食事・入浴・用便・就寝といった日常生活を正常に行うことが困難となり、本件各賃貸借契約が目的とした本件各物件の使用収益が大幅に制限される状態になった」という事実関係の下、「賃貸借契約は、賃料の支払と賃借物件の使用収益とを対価関係とするものであり、賃借物件が滅失に至らなくても、客観的にみてその使用収益が一部ないし全部できなくなったときには、公平の原則により双務契約上の危険負担に関する一般原則である民法536条1項を類推適用して、当該使用不能状態が発生したときから賃料の支払義務を免れると解するのが相当である」と説示しています。

（2） 賃料減額の割合について

　賃借物の一部が使用収益できない状態になった場合に、どの程度の賃料減額が生じるのかというのは、個別具体的な事案に即して検討する必要がありますが、公益財団法人日本賃貸住宅管理協会の「貸室・設備等の不具合による賃料減額ガイドライン」が参考になります。

　同ガイドラインには、以下のとおり記載されています。なお、免責日数は、代替物の準備や修繕の準備にかかる時間を一般的に算出したもので、賃料減額割合の計算日数に含まない日数とされていますが、必ずしも明確な法的根拠があるものではありません。

貸室・設備に不具合が発生

⬇ A群に該当するか確認

群	状況	賃料減額割合	免責日数
A	電気が使えない	40％	2日
	ガスが使えない	10％	3日
	水が使えない	30％	2日

⬇ A群のいずれにも該当しない場合

群	状況	賃料減額割合	免責日数
B	トイレが使えない	20％	1日
	風呂が使えない	10％	3日
	エアコンが作動しない	5,000円（1ヶ月あたり）	3日
	テレビ等通信設備が使えない	10％	3日
	雨漏りによる利用制限	5％〜50％	7日

　また、国土交通省が実施した「重層的住宅セーフティネット構築支援事業（賃貸住宅関連・連携円滑化事業）」として作成された、賃貸借トラブル

に係る相談対応研究会作成の平成30年3月付け「民間賃貸住宅に関する相談対応事例集〜賃借物の一部使用不能による賃料減額等について〜」も、多数の事例が紹介されており、参考になります。

(3) 設例について

　本件において、水漏れ事故によって近隣の賃料相場が変わることはありませんので、借地借家法32条1項による賃料減額請求をすることはできません。

　もっとも、上階の店舗の水漏れは賃借人の帰責事由に基づくものではありません。また、本件賃貸借契約は、令和2年6月1日に締結されています。さらに、貸室の一部が水漏れによって全く使用できなくなっています。

　そこで、改正後の民法611条1項が適用されて、賃料は、その使用及び収益をすることができなくなった部分の割合に応じて、減額されます。

　具体的には、漏水の範囲が小さく、修繕工事を行うに当たっても、他の部分を使用することができるような場合には、漏水及びその修繕工事のために使用できなかった部分に相当する面積分について、復旧するまでの期間に限り、賃料が当然に減額されると解されます。

　したがって、賃料を支払済みの期間については、不当利得返還請求権に基づいて、当然減額となった部分の賃料の返還請求を行い、また、支払未了の期間については、改正後の民法611条1項に基づいて、賃料の一部の支払を拒絶することができます。

　賃貸人側としては、賃借人と協議の上、漏水が発生してから修繕を終えるまでの期間の賃料の減額を合意するに当たっては、永続的に賃料が減額されたものと誤解されないように、賃料を減額する理由を明記した上で、減額する期間を明確に区切った合意書を作成するとよいでしょう。

2 新型コロナウイルス感染症の影響と賃料減額

Q24

　当社は、平成30年1月から飲食店を営む目的でビルの一室を借り受けて、飲食店を経営していました。しかしながら、新型コロナウイルス感染症の影響で、令和2年2月頃から徐々に売上が減少し始め、同年3月には歓送迎会のキャンセル等が相次ぎ、同月の売上高は、前年同月比の3割にまで落ち込みました。その後、同年4月7日に緊急事態宣言が発令されて、同宣言が解除されるまで営業ができなくなってしまいました。現時点で賃料相場は変動していません。しかしながら、当社は、賃貸人に対して、少なくとも緊急事態宣言が発令されている期間については、賃料の減額又は免除や支払猶予を求めたいと考えていますが、可能でしょうか。

(1)　賃料の支払猶予について

　国土交通省は、令和2年3月31日付け各業界団体宛「新型コロナウイルス感染症に係る対応について（依頼）」を発出し、「賃貸用ビルの所有者など、飲食店をはじめとするテナント不動産を賃貸する事業を営む事業者におかれましては、新型コロナウイルス感染症の影響により、賃料の支払いが困難な事情があるテナントに対しては、その置かれた状況に配慮し、賃料の支払いの猶予に応じるなど、柔軟な措置の実施を検討」するよう依頼しています。

　不動産業者は、このような通知等を踏まえて、新型コロナウイルス感染症の影響で賃借人に売上減少が生じているような場合に、賃借人からの申告に基づいて賃料の支払猶予などの対応を行う例が散見されました。

もっとも、賃料の支払猶予については、賃借人が法的根拠に基づいて請求できるものではなく、あくまでも賃貸人側の経営判断に委ねられているのが実情です。

(2)　賃料の一部減額又は免除の法的根拠について

　少なくとも新型コロナウイルス感染症の問題が生じた直後の時期においては、賃料相場の変動が生じているとまではいえず、借地借家法32条1項に基づいて賃料減額を求めるのは困難です（ Q2 で述べた東京地判令和3年9月30日ウエストローも参照）。

　そうすると、賃料の減額を請求するための他の法的根拠が必要となります。

　この点、新型コロナウイルス感染症の影響が生じたのは令和2年2月頃であると考えられますので、その影響により事業に支障が生ずる賃貸借は、令和2年4月1日よりも前に締結された賃貸借契約の場合が多いと考えられます。

　そこで、改正前の民法611条1項の類推適用や改正前の民法536条1項の適用ないし類推適用による賃料減額を請求できるかが問題となります。

　この点、 Q23 で述べた東京地判昭和45年5月18日判時608号151頁や神戸地判平成10年9月24日判例秘書等の裁判例を踏まえると、建物賃貸借契約においては、建物賃借の目的に照らして、建物の利用価値が減少した場合に、その減少した割合に応じて賃料の減額が認められているようにも思われます。

　そして、このような考え方によれば、人流の減少率、当該飲食店の営業状況、当該飲食店の売上の減少度、当該建物周辺の同業種における売上の減少度、当該建物の飲食店以外の用途での利用可能性等を総合的に考慮して、建物賃借の目的に照らして、建物の利用価値が減少したといえる場合

には、改正前の民法611条1項の類推適用や改正前の民法536条1項の適用ないし類推適用して、賃料の全部又は一部の減額が認められるべきであると考える余地もあるようにも思われます。

しかしながら、現時点で確認できる裁判例においては、このような考え方は採用されていません。

すなわち、賃借人が、新型コロナウイルス感染症の影響により飲食店の利益が90％減少しており、危険負担の債務者主義によって、使用収益させる債務も経済的に90％相当額が消滅したと主張した事案において、東京地判令和3年7月20日金商1629号52頁は、「新型コロナウイルス感染症の影響により本件貸室を使用して営む飲食店の利益が減少したとしても、その減少の割合に応じて、原告の被告Y1に対する本件貸室を使用収益させる債務が消滅するものと解することはできない。また、新型インフルエンザ等対策特別措置法に基づく緊急事態宣言が出されたことなどをもって、本件貸室が使用不能となったと評価することもできない」と説示して、賃料の減額を認めませんでした。

また、賃借人が、新型コロナウイルスの感染拡大により飲食店の売上が激減したという状況においては、賃貸人は使用目的に従った店舗を提供しておらず、経済的な意味で債務の履行の提供がなく、その原因は新型コロナウイルスの感染拡大という不可抗力によるものであるから、危険負担の債務者主義が適用され、賃料債務は相当額が当然消滅すると主張した事案において、東京地判令和3年1月22日ウエストローは、「一般に、店舗として使用させる目的で建物を賃貸していた場合に、特約が存在するなど特段の事情がない限り、賃貸借契約上の賃貸人の義務として当該店舗における売上げを確保させる義務はないと解されるところ、本件では上記特段の事情が認められないから、原告X1は被告に対し本件建物を占有させてこれを使用収益に供することをもって賃貸人としての債務を履行していると

いうべきであって、これに加えて、同原告が被告に対し本件建物における売上げを確保させる債務を負う理由はない。したがって、たとえ新型コロナウイルスの感染拡大により被告の本件建物における売上げが激減したという事実があったとしても、そのことをもって、原告 X1 の上記債務の履行が不能になったという評価を受けることはないから、危険負担の債務者主義が適用される余地はな」いと説示して、賃料の減額を認めませんでした。

これらの裁判例は、いずれも当該飲食店の所在する建物の客観的状況に変化はなく、賃貸人は当該貸室を占有させて使用収益に供しているという点を重視して、危険負担の債務者主義の適用を認めなかったものと考えられます。

もっとも、これらの裁判例は、いずれも下級審判例であり、今後も裁判例の動向に注意が必要です。

（3）　設例について

賃料の支払猶予については、国土交通省の通知などを示して交渉するのがよいでしょう。

また、賃料の一部減額や免除については、賃料相場の変動がないという前提ですので、借地借家法32条1項を根拠にすることはできません。賃貸借契約の締結が令和2年4月1日よりも前ですので、改正前の民法611条1項の類推適用や改正前の民法536条1項の適用ないし類推適用による賃料減額を請求できるかが問題となります。

現在の裁判例の状況からは賃料の減額が認められるのは難しいかもしれませんが、上記（2）に述べたような人流の減少率、当該飲食店の営業状況、当該飲食店の売上の減少度、当該建物周辺の同業種における売上の減少度、当該建物の飲食店以外の用途での利用可能性等を個別具体的に主張

して、建物賃借の目的に照らして建物の利用価値が減少したといえること
などを主張して、賃貸人や裁判所の理解を求める方法が考えられるでしょ
う。

　賃貸人側において、賃借人側の事情を最大限考慮して、賃料の一部の減
額を認める場合には、合意書の作成に当たって、あくまでも一定期間に
限った賃料の減額であることを明確にするという点に留意すべきでしょう。
なぜなら、減額理由や減額期間を明記せずに合意してしまうと、一時的で
はない経済的事情の変動等によって減額されたものと誤解されるおそれが
あり、減額理由の基礎となった事情が解消されたとしても、容易に賃料を
元に戻すことができないという事態が生じかねないからです。

　そのような誤解を避けるために、賃料の減額合意ではなく、賃料は従前
どおりであることを確認した上で、一定期間の賃料に限り、賃貸人が一部
免除するなどの法律構成を選択する方法もあるでしょう。

第**2**章

賃料増減額の実現方法

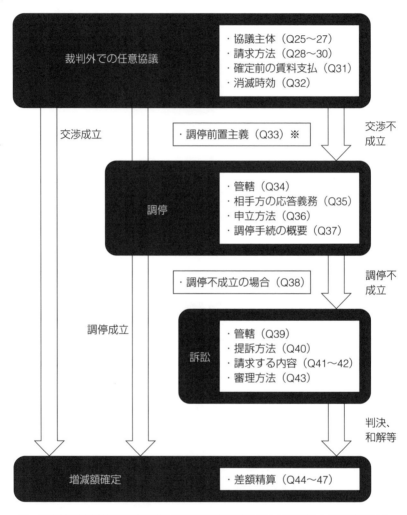

裁判外での任意協議
- 協議主体（Q25〜27）
- 請求方法（Q28〜30）
- 確定前の賃料支払（Q31）
- 消滅時効（Q32）

交渉成立

交渉不成立

- 調停前置主義（Q33）※

調停
- 管轄（Q34）
- 相手方の応答義務（Q35）
- 申立方法（Q36）
- 調停手続の概要（Q37）

調停不成立

- 調停不成立の場合（Q38）

調停成立

訴訟
- 管轄（Q39）
- 提訴方法（Q40）
- 請求する内容（Q41〜42）
- 審理方法（Q43）

判決、和解等

増減額確定
- 差額精算（Q44〜47）

※ 任意協議決裂後に調停を経ずに訴訟を提起することは原則としてできません。

1 裁判外での任意協議

1 協議を行う主体について
（弁護士に依頼することの是非）

Q25

　最近、不動産業者から、賃貸している物件について、近隣の賃料相場に比べて賃料が低いと教えてもらいました。賃借人と賃料増額交渉をしたいと考えていますが、法律知識に自信がありません。私が交渉すべきでしょうか。

（1）　弁護士に依頼することのメリットについて

　借地借家法32条1項の賃料増減額請求権行使の要件を満たすか否かを厳密に検討するに当たっては、不動産相場に関する知識や第1章に述べたような借地借家法等の法律知識が必要になります。法的に間違いのない、確実な請求権の行使には、弁護士の助力が必要となるでしょう。特に、賃料が高額で、契約書の内容も複雑な場合には、弁護士の助力を得るメリットは大きいといえます。

　また、弁護士は、調停手続や訴訟手続を代理して、裁判所を通じた終局的解決を行うことができます。弁護士に依頼しなくても法的手続を利用することはできますが、法的手続には専門的知識を要しますし、企業であれば期日に会社代表者や支配人が出頭しなければなりません。当事者本人が法的手続を行うには、相当の時間と労力を要するため、現実的ではない場

合が多いでしょう。こうしたことから、特に調停手続や訴訟手続といった法的手続については、弁護士に依頼するメリットが大きいといえます。また、将来的にそうした法的手続への移行が想定される場合には、任意協議の段階から予め弁護士に相談をしておくと、手続をスムーズに進めることができるというメリットもあります。

(2) 弁護士に依頼することのデメリットについて

　賃貸借契約は、長期間にわたって継続する契約であり、賃貸人と賃借人の信頼関係を維持することが重要です。契約期間中には、賃料の問題だけではなく、物件の一部が壊れた場合の修繕の問題や、契約終了後の原状回復の問題など、様々な問題が生ずる可能性があります。このような問題について、信頼関係がないと、解決に多大な時間、費用及び労力を要する場合も少なくはありません。例えば、原状回復に当たって、些細な点まで原状回復を要求されて、高額な費用の支出を強いられてしまうことも想定されます。

　この点、弁護士に依頼することは、相手方に対し、法的手続を見据えて協議することを伝えることにもなります。相手方としても、これに十分に対応する必要があると考えて、弁護士に依頼する場合もあるでしょう。欧米と比較して弁護士間の交渉が普及しているとまではいえない日本の現状を踏まえると、弁護士間の交渉に移行するきっかけを作ることは、双方の信頼関係が壊れる契機となる場合もあります。

　また、弁護士に依頼すると、相応の費用がかかります。弁護士報酬は、事案の内容や依頼する弁護士によって様々ですが、賃料が安く、増減額の幅が小さい案件について弁護士に依頼すると、費用倒れになるおそれがあります。

（3）　弁護士代理の原則について

　弁護士法72条は、弁護士又は弁護士法人でない者は、報酬を得る目的で訴訟事件等その他一般の法律事件に関して鑑定、代理、仲裁若しくは和解その他の法律事務を取り扱い、又はこれらの周旋をすることを業とすることができないと規定しています。そして、この規定に違反すると、2年以下の懲役又は300万円以下の罰金に処せられます（弁護士法77条3号）。

　賃料増減額交渉も訴訟事件その他の法律事件に該当しますので、報酬を支払って弁護士以外の第三者に代理して行わせることはできません。

　不動産相場に詳しいからといって、不動産業者に依頼して交渉させた場合には、弁護士法違反になる場合がありますので、注意が必要です。

（4）　設例について

　上記に述べたメリット・デメリットを考慮して、弁護士に依頼するか否かを検討することになるでしょう。

　賃料が高額で、契約書の内容も複雑な場合には、当初から弁護士に依頼することも検討すべきですが、そうでないのであれば、弁護士に代理を依頼せずに、交渉方針等についてアドバイスを得ながら、まずは自ら交渉してみるのもよいでしょう。交渉が決裂したり、膠着状態になったりした場合には、弁護士に委任して代理人交渉に切りかえたり、調停や訴訟を提起することを検討すべきでしょう。

Q26

　当社（A社）は、B社と共同で建物を所有しています。共有持分は各2分の1ずつです。当社は、C社に対し、B社と共同で当該建物を賃貸しています。最近、当該建物の賃料が相場よりも安いことが判明しました。当社としては、C社に賃料の増額請求をしようと思うのですが、B社は、C社との関係が悪化することをおそれており、これに消極的です。当社は、B社の承諾を得ずに、単独でC社に対して賃料増額請求権を行使できるでしょうか。

（1）　賃貸人が複数いる場合の賃料「増額」請求権

　共有物について、共有物に変更を加えるには共有者全員の同意が必要ですが、共有物の管理に関する事項は共有持分の過半数で決することができ、保存行為については単独で行うことができるとされています（民法251条及び252条）。

　そこで、賃料増額請求権の行使が、共有物の「変更」、「管理」、「保存行為」のいずれに該当するのかが問題となります。

　この点、東京地判平成28年5月25日判時2340号74頁は、以下のとおり説示して、賃料増額請求権の行使は共有物の「管理」行為に当たると説示し、上訴審である東京高判平成28年10月19日判時2340号72頁もこの考え方を変更しませんでした。

　賃料増額請求権は、その行使によって賃貸借契約の重要な要素である賃料が一方的に変更されるものであることに照らすと、単に現状を

維持するための保存行為とはいえず、共有物の利用等の管理行為に当たるというべきである。

　確かに、賃料増額請求権の行使によって、賃料が適正賃料となることからすると、適正賃料から乖離していた賃料を適正賃料に是正し、他の共有者らにも適正な賃料を収受させることができるようにすることは、一見すると、他の共有者に不利益はなく、保存行為に該当し得るようにも見える。しかし、本来、賃料額は、賃貸人と賃借人の間の合意により決まるものである上、賃借人がいつまで賃借を希望するか等にも大きな影響を与えるものであり、それを変更する行為は、不動産をどのように利用して収益を上げるかに関わる問題であるから、賃料を一方的に増額することが常に他の共有者に不利益を生じさせないということはできない。なお、借地借家法 32 条 1 項は、賃料減額請求も認めているところ、賃料の減額請求は、他の共有者に不利益を生じさせることが明らかであって、現状を維持するための保存行為であると解することは困難であるが、賃料増額請求権の行使のみを保存行為と解し、同一の条文に規定されている賃料減額請求権の行使は管理行為であると解するのは相当でない。

　そうすると、2 分の 1 の共有持分権者である原告は、単独で賃料増額請求権を行使することができない。

　設問の事例では、A 社も B 社も各 2 分の 1 しか共有持分を有しておらず、過半数の持分を有していません。そうすると、A 社は、単独で、共有物の管理行為である賃料増額請求権を行使することはできません。A 社の考えを実現するためには、まずは賃料増額請求を行うことのメリットを伝えるなどして、B 社を説得すべきでしょう。

(2)　賃貸人が複数いる場合の賃料「減額」請求権

　以上に対し、賃借人（C 社）が共同賃貸人（A 社、B 社）に対して賃料減額請求を行う場合には、賃借人から賃料減額請求を受けることは共同賃貸人にとって管理行為とはいえないこと、共同賃貸人の有する賃料債権が不可分債権とは言い難いこと、法律関係の錯綜を回避する必要があることなどから、共同賃貸人全員に対して賃料減額請求をしなければ効力は生じないとされています[1]。

　この点に関し、サブリースとしての大規模共有建物の賃貸借において、賃貸人と賃借人の合意によって賃料を減額する場合には、賃貸人である共有者全員の同意を得る必要があるとした裁判例があります（東京地判平成 14 年 7 月 16 日金法 1673 号 54 頁）。そのため、賃借人から賃料減額請求を受けた共同賃貸人側としても、賃料「減額」請求に応じることは他の賃貸人に対する重大な不利益行為であるとして、共有物の「変更」に当たると解される場合がありますので、注意が必要です。

---

(1)　廣谷章雄『借地借家訴訟の実務』283 頁（新日本法規、2011）

Q27

　当社（A社）は、一戸建て住宅をB氏に賃貸していましたが、B氏が死亡して相続が生じました。相続人は10人いるため、遺産分割協議が長期化しており、B氏の死亡時から10年が経過しても、賃借権の相続人は決まりません。そのような状況で、賃料が相場よりも低いことが分かりました。賃料増額請求権は、B氏の相続人全員に対して行使しなければならないのでしょうか。

（1）　賃借人が複数いる場合の賃料「増額」請求権

　賃借人が複数いる場合、賃貸人は賃借人全員に対して賃料増額請求をしなければならないかについて、旧借地法による賃料増額請求に係る事案ではありますが、最判昭和50年10月2日最集民116号155頁は、「賃貸人が共同借地人に対し借地法12条に基づく賃料増額の請求をするには、借地人全員に対して増額の意思表示をすることが必要であり、右意思表示が借地人の一部に対してなされたにすぎない場合には、右の者だけに対する関係においてもその効力を生ずる余地はないものと解するのが相当である」と判示しており、最判昭和54年1月19日判時919号59頁も同様に判示しています。

　共同賃借人の賃料債務は性質上の不可分債務に属すると解されています（大判大11年11月24日民集一巻670頁）。そして、不可分債務については、債権者が債務者に対して全部の履行を請求できるほかは各債務が独立したものとされることから、共同賃借人の1人に対する意思表示は他に効力を及ぼさないとされていると言われています（判タ394巻67頁の解説を参

照)。

　設問の事例では、A社は、本件の賃借人であるB氏の相続人全員に対し、
賃料増額請求をする必要があります。契約期間が長期にわたる借地契約に
おいて生じやすい問題であるといえますが、個人に対する賃料増額請求を
するに当たっては、相続の有無をきちんと調査しなければ、せっかくの賃
料増額請求が無効になってしまいますので、注意が必要です。

(2)　賃借人が複数いる場合の賃料「減額」請求権

　以上に加えて、共同賃借人（B氏の相続人）が賃貸人（A社）に対して
賃料減額請求を行う場合も、共同賃借人の賃料債務は性質上の不可分債務
とされていること、一部の賃借人との関係で賃料減額を認めると法律関係
が錯綜する上、賃料が共同賃借人による不可分的な利用の対価であるとい
う性質に反することとなることから、一部の賃借人だけで行った賃料減額
請求はその効力を生じず、共同賃借人全員で行う必要があるとされていま
す[2]。

---

(2)　廣谷章雄『借地借家訴訟の実務』281頁（新日本法規、2011）

4 賃料増減額請求書（内容証明）の記載例

Q28

　私は、現在の賃料が相場よりも著しく高いと知りましたので、賃料減額請求をしたいと考えていますが、内容証明郵便で送付した方がよいと聞きました。内容証明には、具体的に、どのような記載をすればよいでしょうか。

(1)　賃料増減額請求の行使方法について

　Q10 で述べたとおり、賃料増減額請求権の法的性質は形成権であり、意思表示が相手方に到達しなければ、増減額の効果は生じません。そして、当該意思表示の有無が争われた場合を見越して、増減額の意思表示は、配達証明付き内容証明郵便でしておくのがよい場合が多いでしょう。

　書面には、当事者名、目的物の所在地、契約期間、賃料等を明確に記載して、当該賃貸借契約の内容を明確に特定した上で、「本書面をもって本件賃貸借契約の賃料を○円に減額する旨の意思表示をします」などと記載するのがよいでしょう（ただし、増減額後の賃料や改定の根拠を明示する必要は必ずしもありません。東京地判昭和42年4月14日判タ208号186頁）。なお、増減額後の賃料額を明示する場合には、それが消費税を含む額か含まない額かが事後的に争いになることもあるため（東京地判平成30年11月14日ウエストロー、東京地判令和2年3月13日ウエストロー等）、税込額か否か明示するのがよいでしょう。

(2)　設例について

　具体的な文例は、以下のとおりです。なお、弁護士が代理して発送する

のではなく、本人が直接発送する場合を念頭に置いた文案としています。
また、相手方が配達証明付き内容証明郵便を受け取らなかった場合に備え
て、同一内容の書面を特定記録郵便でも送付する形にしています。

【通知書（配達証明付き内容証明郵便）の記載例】

通知書

令和○年○月○日

〒○○○-○○○○
東京都○○区○○７丁目８番９号
乙　野　二　郎　様

〒○○○-○○○○
東京都○○区○○１丁目２番３号
電　話：03-○○○○-○○○○
甲　野　太　郎　㊞

冠省
　通知人甲野太郎（以下「通知人」といいます。）は、通知人と貴殿との間の東京都○○区○○７丁目８番９号所在の建物（以下「本件建物」といいます。）の賃貸借契約に関し、以下のとおり通知します（なお、本書面と同一内容の書面を特定記録郵便でもお送りしています。）

　通知人は、貴殿から、令和○年○月○日、商業施設として利用する目的で、本件建物を、期間を令和○年○月○日から令和○年○月○日までの○年間、賃料を月額○円（消費税別途）、賃料の支払期日を毎月末日限り翌月分を支払うとの約定で賃借しています（以下「本件賃貸借契約」といいます。）。

　しかしながら、本件建物の賃料額は、本件賃貸借契約締結後の公租公課の増加などの経済事情の変動により、近傍相場と比較して著しく高い金額となっています。

　そこで、通知人は、本書面をもって、本件建物の同年○月分以降の賃料額を月額○円（消費税別途）に減額改定する旨の意思表示をします。

　貴殿におかれましては、本書面を受領したら、通知人宛てにご連絡ください。

草々

Q29

A社は、B社に対し、月額20万円という相場よりも低い賃料で、商業ビルの一区画を賃貸しています。しかし、B社は、最近、事業規模を縮小しているようであり、同区画を殆ど使用していないようです。他方、A社としては、老朽化したビルを建て替えて使用するために、B社に立ち退きを求めたいと考えています。立ち退き交渉と賃料増額交渉を、どのように進めたらよいでしょうか。

（1） 賃料増減額請求権の法的性質

借地借家法32条1項の賃料増減額請求が形成権であることは前記 **Q10** のとおりです。

したがって、実際に相場とはかけ離れた賃料になっていたとしても、増減額請求の意思表示が相手方に到達しなければ、増減額の効力が生じません。

（2） 設例について

賃貸借契約の正当事由に基づく解約申入れや更新拒絶に基づく立退き交渉には相応の時間を要する場合も多いように思われます。しかも、高額な立退料を支払わなければ、正当事由を補完することができず、結果的に、立退き交渉を断念せざるを得ない場合も考えられます。

A社としては、第一次的には立退きを求めたいとのことですが、うまくいかなかった場合も見据えて、初期の時点で、予備的に、賃料増額の意思表示をしておくのがよい場合も多いでしょう。

すなわち、立退き交渉がうまくいかなかった場合に改めて賃料増額請求をしたのでは、A社は、現在の賃料も相場とかけ離れて安いにもかかわらず、立退き交渉を行っていた期間分の差額賃料（現在の賃料と増額後の賃料の差額分）を得ることができません。

　また、B社としては、相場よりも安い賃料で物件を借り続けられるからこそ、当該物件で事業を継続する意味があると考えている可能性があります。しかしながら、相場どおりの賃料を支払わなければならないとなれば、収支が悪化して、当該物件で事業を継続する意味がなくなる場合も考えられます。立ち退きを促進するためにも、早めに賃料増額の意思表示をしておくのが効果的な場合も多いでしょう。

　なお、訴訟手続上は、立ち退き請求と賃料増額請求とは請求の基礎を同一にせず、訴えの変更の要件（民事訴訟法143条1項）を満たさないことは Q42 を参照ください。

6 増減額の根拠資料について

Q30

　当社が、賃借人に対して建物の賃料増額請求を行ったところ、賃借人から、増額の根拠が示されなければ交渉に応じないと言われました。どのような根拠資料を提出すればよいでしょうか。

　借地借家法 32 条 1 項の賃料増減額請求権は、「土地若しくは建物に対する租税その他の負担の増減により、土地若しくは建物の価格の上昇若しくは低下その他の経済事情の変動により、又は近傍同種の建物の借賃に比較して不相当となったとき」に認められるものです。賃料相場や継続賃料の算定等については、不動産業者や不動産鑑定士が詳しい知見を有していますので、適宜、アドバイスを受けながら検討を進めることになります。

（1）　近隣相場の調査について

　建物賃料の新規賃料については、物件周辺の不動産業者からのヒアリングや、店舗に掲示されている募集広告、新聞等の折り込みチラシ、インターネットの住宅サイト等の募集広告を確認することで情報収集できます。地場の不動産業者や不動産コンサルティング会社に相談してもよいでしょう。

　新規賃料が分かれば、現在の約定賃料とどの程度乖離しているのかを検討することができます。そして、第 3 章で述べる継続賃料の鑑定手法の 1 つである差額配分法によれば、現在の約定賃料と新規賃料の差額の 2 分の 1 が、増減額の基準とされる場合が多いです。そこで、例えば、約定賃料が月額 50 万円で、近隣の新規賃料の相場が月額 100 万円だった場合には、

その差額である月額50万円の2分の1である月額25万円を増額し、継続賃料が75万円とされる場合が多いことが予想できます。

　もっとも、継続賃料は、賃貸人と賃借人との間の関係や、物件の状況など多種多様な要素によって決まりますので、特殊な物件であればあるほど、継続賃料の算定は難しくなり、上記のような推測が的外れなものとなってしまいます。

　そのような場合は、宅建業者や不動産鑑定士にアドバイスを求めるのがよいでしょう。

(2)　宅建業者の査定書について

　宅建業者は日常的に不動産取引に関わっていることから、建物の売買や賃貸借に関する多数の取引事例を把握しており、また、価格の査定方法に関する専門的知識を有しています。

　こうしたことから、実務上は、相手方から賃料増減額を基礎付ける資料として宅建業者が作成した査定書が提出されることがあります。

　しかしながら、宅建業者の査定書は、不動産の鑑定評価に関する法律36条1項に「不動産鑑定士でない者は、不動産鑑定業者の業務に関し、不動産の鑑定評価を行ってはならない」と規定されていることとの関係で、同条項に違反するおそれがあります。また、不動産鑑定士が鑑定評価書を作成する場合と異なり、宅建業者は自身の示した査定額について何ら責任を負わないという問題もあります。

　さらに、国土交通省作成の「宅地建物取引業法の解釈・運用の考え方」では、宅建業者が宅地建物の売買・交換の媒介を行う際に評価額を示すときは、「根拠の明示は、口頭でも書面を用いてもよいが、書面を用いるときは、不動産の鑑定評価に関する法律に基づく鑑定評価書でないことを明記するとともに、みだりに他の目的に利用することのないよう依頼者に要

請すること」(34条の2関係の4 (1)) とされており、これと同じ要請が賃料額の査定を示す際にも当てはまると考えられます。

そこで、多数の取引事例等を把握している宅建業者に、一般論として新規賃料の相場に関する資料をもらったり、意見を聞くことはよいとしても、賃料増減額の根拠資料とする目的で査定書を用いることには慎重な姿勢が必要です。

(3) 不動産鑑定士の鑑定評価書について

継続賃料の鑑定評価を行えるのは、不動産鑑定士だけです。説得力のある精緻な鑑定評価書を得られれば、交渉を有利に進めることができます。また、相手方が鑑定評価書を提出してきた場合には、その評価書の合理性を検証するためにも、不動産鑑定士の助力は必要不可欠となるでしょう。

もっとも、鑑定料には相応の費用を要し、少なくとも数十万円、物件の大きさ如何によっては数百万円以上となる場合があります。

また、私的に鑑定を依頼したとしても、結局は、中立な第三者である調停手続における専門家調停委員や、訴訟手続における裁判所が選任した鑑定人による鑑定が重視されてしまう場合もあります。

そこで、不動産鑑定士に依頼して鑑定評価書を作成してもらうか否かについては、相手方との交渉状況や、当該物件の賃料額等に照らして、適切な時期を検討することになります。

(4) 設問について

本件の賃料が高額で、要求する増額幅も大きいのであれば、当初から不動産鑑定士に相談し、場合によっては鑑定評価書を作成してもらうのがよいでしょう。場合によっては、正式な鑑定ではなく簡易鑑定という形で不動産鑑定士の協力を得ることも考えられます（その場合には、事後的に正

式鑑定を行った場合に結果が大きく離齬することのないよう注意しましょう。）。他方、賃料が高額とまでいえず、増額幅も小さい場合には、まずは地場の不動産業者に対象物件の周辺相場等について相談したり、インターネットの募集広告等で新規賃料を調査して、自ら資料を作成し、提出することが考えられます。

7 賃料の受領を拒絶された場合について

Q31

当社は、賃貸人から、賃貸借契約の更新に当たって、月額100万円を月額150万円に増額するので、今後は月額150万円を支払ってほしい、同額以下の賃料であれば、賃料は一切受領しないと言われました。当社は、賃料を増額する理由はないと考えていますが、どのように対応したらよいでしょうか。

(1) 供託制度について

　Q13 に記載したとおり、賃料の増額請求を受けた賃借人は、基本的に従前の賃料額を支払っていれば、債務不履行となりません。

　もっとも、賃貸人が賃料の受領を拒絶した場合に、これを支払わなければ、従前の賃料額すらも支払えずに、債務不履行になってしまいます。

　そのような場合には、法務局で弁済供託を行います（民法494条）。供託方法については、賃貸借契約書に記載されている債務の履行地に所在する供託所（法務局）に電話等で相談してください。

　賃料の受領を拒絶された場合であっても、供託をしなければ、債務不履行となってしまい、賃貸借契約を解除されるおそれが生じますので、注意が必要です。また、供託については、あくまで法律に定める供託事由がある場合にのみ行えます。単に賃貸人が賃料増額請求を行ってきたというだけで供託を行うと、無効とされて債務不履行となりかねませんので、やはり注意が必要です。供託原因には債権者による受領拒絶（民法494条1項1号）と債権者不確知（同条2項）等がありますが、適切な供託原因で供託する必要があります。特に後者の供託原因は弁済者に過失があって確知

できないときは無効になります（同条2項ただし書）。また、賃貸人から賃料増額請求を受けた賃借人が、相当賃料額に争いがあるとして従前賃料と同額を供託し続けたものの、有効な供託とは認められずに建物明渡し判決が下されたケースとして、東京地判平成21年1月28日ウエストローがあります。一方、賃料増額請求がされた場合、賃料増額を正当とする裁判が確定するまでは、賃借人は相当と認める賃料を支払えば足りるため、従前賃料の支払を受けた賃貸人が内金（賃料の一部）として受領することは、「賃料の全額の弁済としては拒絶する」旨の意思表示とみなすことができるとして、受領拒絶を理由とする供託を有効とした裁判例があります（東京高判昭和61年1月29日判時1183号88頁、東京地判平成5年4月20日判時1483号59頁）。

(2) 設問について

　毎月供託手続を行うのは手間がかかりますので、可能な限り、他の方法により支払うことを検討するのがよいでしょう。

　すなわち、賃料の支払方法が銀行等への振込みであった場合には、従前同様に、従前賃料を振り込んでみましょう。賃貸人が当該口座を解約するなどして振り込めなくなったときは、まずは現金書留で賃料を郵送する方法が考えられます。その場合には控えをきちんと保管しておき、支払ったことの証拠を残しておくことが重要です。賃貸人が現金書留の受領を拒絶したために返送されてきた場合は、供託手続を行わざるを得ないでしょう。賃料の支払期限を1日でも過ぎると遅延損害金を支払わなければ供託できなくなりますので、早めの対応を心掛けましょう。

8 賃料債権の消滅時効

Q32

　当社は、2010年4月1日に、契約期間を3年間とし、期間経過後は双方からの異議がない限り自動更新されるものとして、賃貸借契約を締結して物件を賃貸しました。その後、賃料相場が上がり、賃料が不相当になったことから、賃借人に対して、2016年4月1日に賃料増額請求権を行使しましたが、2022年3月1日現在、協議が整わないまま2回の更新を経ました。現在まで、増額賃料と約定賃料の差額賃料の支払を請求する訴訟や、催告は行っていません。当社としてこれ以上現行賃料を維持することは困難であるため、法的手続に移行することを考えていますが、約6年前である2016年4月分の増額賃料部分から請求して構わないでしょうか。

　2020年4月1日に改正民法が施行され、消滅時効を含む債権法分野の取扱いが大きく変わりました。賃料増減額請求についても、一方当事者が当該請求権を行使してから相当期間協議を重ねたり、更新を重ねたりすることもあり得るため、ここでは改正民法の施行前後の消滅時効の取扱いについて見ていきたいと思います。

(1) 賃料債権の消滅時効

　改正前の民法では、一般の債権は10年、商事債権は5年で消滅時効にかかるとされていました（改正前民法167条、同商法522条）。もっとも、賃料請求権については、「年又はこれより短い時期によって定めた金銭その他の物の給付を目的とする債権」（定期給付債権）として、5年間の短期消

滅時効が設けられていました（改正前民法 169 条）。そのため、改正前の民法では、商事債権であると否とを問わず、賃料請求権については請求し得るときから 5 年で消滅時効にかかるとされていました。

改正後の民法では、短期消滅時効が廃止され、賃料債権については、一般債権として、権利行使できることを知ったときから 5 年、又は権利行使できるときから 10 年で時効消滅することになりました。もっとも、賃料債権については、契約で賃料の支払時期が定められており、賃貸人がそれを知らないことは考えられませんので、基本的には約定の支払期限から 5 年で消滅時効にかかることになり、改正前後で消滅時効期間の考え方に大きな違いは生じなさそうです。なお、消滅時効の期間計算において初日は算入されません（民法 140 条）。

賃貸人が賃料増額請求を行い、以後、賃借人が従前賃料の限りで支払い続けていた場合、それぞれの賃料の弁済期が到来する都度、それぞれの差額賃料にかかる債権の消滅時効が進行することになります（名古屋地判昭和 59 年 5 月 15 日判タ 535 号 274 頁、東京地判昭和 60 年 10 月 15 日判時 1210 号 61 頁）。

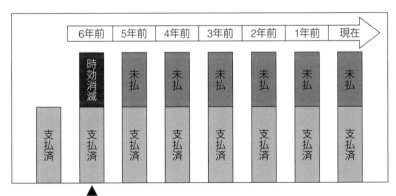

(2) 時効完成を阻止する制度

　改正前の民法は、時効完成前に訴訟を提起すれば時効が中断するとされ（改正前民法 149 条）、調停申立てについても、調停不成立から 1 か月以内に訴訟を提起すれば、時効が中断するとされていました（同 151 条）。

　一方、改正後の民法は、消滅時効完成前に訴訟を提起すれば、時効期間が経過しても時効の完成が猶予され、訴訟で権利関係が確定すれば消滅時効期間が更新されることになりました（改正後民法 147 条 1 項 1 号）。また、調停申立てについては、調停不成立から 6 か月以内に訴訟を提起すれば、時効の完成が猶予され、調停が成立すれば消滅時効期間が更新されます（同 2 項）。

　そのため、時効完成を阻止する制度としては、制度そのものに大きな変化はないものの、調停申立てについては、調停不成立時に時効完成を阻止するために必要な提訴期間が 1 か月から 6 か月に延長されました。

　なお、賃料増額請求における差額賃料について時効完成を阻止するのに必要な訴訟提起とは、差額分の支払を求める給付訴訟のみならず、一定期間以降の賃料増加を確認する確認訴訟でも足ります。また、差額賃料について時効消滅した場合、当該期間に係る賃料増額確認を求める訴えはその確認の利益を失うとされています。（前掲・名古屋地判昭和 59 年 5 月 15 日判タ 535 号 274 頁、東京地判昭和 60 年 10 月 15 日判時 1210 号 61 頁）

(3) 改正後民法が適用される基準

　改正前民法が適用されるか、改正後民法が適用されるかは、契約等の法律行為によって生じた債権については「その原因である法律行為」がされた時点を基準時として判断されます。そのため、賃貸借契約に基づく賃料請求権は、賃貸借契約締結時が 2020 年 3 月 30 日以前であれば改正前民法が、同年 4 月 1 日以降であれば改正後民法が適用されます。

それでは、2020年3月30日以前に締結された賃貸借契約について、同年4月1日以降に契約の巻き直しや更新が行われた場合はどうでしょうか。

　この点については、改正後民法の施行前に締結された賃貸借契約について、その施行後に当事者の意思に基づかない法定更新がなされた場合でも、更新後の賃貸借契約には改正前民法が適用されます。これに対して、改正後民法の施行前に締結された賃貸借契約について、その施行後に再契約がなされた場合には、改正後民法が適用されます。また、当事者の合意による更新がなされた場合や、さらには自動更新条項による当然更新の場合にも、やはり改正後民法が適用されるとされています[3]。

(4)　設例について——賃料「増額」請求の場合

　本件賃貸借契約は2010年4月1日に締結されており、その後、契約書の自動更新条項に基づいて、2013年、2016年、2019年の各4月1日に自動更新されています。しかしながら、2022年3月1日現在では、2020年4月1日以降に自動更新はされていませんので、改正前民法が適用されます。

　消滅時効期間は5年であり、訴訟提起や裁判外の催告などの時効中断事由や猶予事由はありませんので、2017年3月1日よりも前の差額賃料については、消滅時効が完成しています。

　もっとも、時効は、当事者が援用しなければ、裁判所がこれによって裁判することができません。また、相手方が、分割払いを希望したり、支払義務があること自体は認めるなどして、債務の承認をすれば、その承認があった時から新たな時効期間が進行するものとされています。これらの考え方は民法の改正前後で異なりません（民法145条、152条1項）。

---

(3)　筒井健夫＝村松秀樹編著『一問一答　民法（債権関係）改正』383-384頁（商事法務、2018）

したがって、消滅時効期間が経過していたとしても、相手方が消滅時効を援用していない以上は、債務の承認などの時効中断事由が生じる可能性に期待して、2016 年 4 月分の増額賃料部分を含めて請求する方法が考えられます。

(5)　賃料「減額」請求の場合

　賃借人が賃貸人に対して賃料減額請求権を行使した後、賃借人が従前どおりの賃料を支払い続けていた場合には、賃借人が相当賃料を超えて支払っている賃料の返還請求権は不当利得返還請求権と位置付けられます。かかる不当利得返還請求権の消滅時効期間は、改正前民法が適用される場合には原因となった賃貸借契約が商行為に該当するか否かを問わず 10 年であり(4)、改正後民法が適用される場合には 5 年となります。

---

(4) 谷口知平＝甲斐道太郎編『新版注釈民法（18）債権（9）』375 頁以下〔加藤雅信〕（有斐閣、1991）

2 民事調停

1 調停前置主義

Q33

賃貸人に対して賃料減額請求訴訟を提起したいと考えています。訴訟提起する前にまず調停を申し立てなければならないという話を聞きましたが、調停を申し立てても賃貸人が話合いに応じないことが見込まれる場合でも、調停を申し立てなければならないのでしょうか。

(1) 民事訴訟と民事調停

　民事訴訟は、裁判所の公開の法廷において、紛争当事者の双方が互いに権利を主張し、争いのある事実関係については証拠を提出し合い、最終的に裁判官がどちらの主張が正しいかを判決で判断を示す手続です。

　これに対し、民事調停とは、裁判所の非公開の調停室において、調停主任裁判官と、民間人から選ばれた2名以上の調停委員（ただし、通常は2名）から構成される調停委員会が、当事者双方の言い分を聞き、当事者双方が互いに譲歩して一定の合意をすることにより、紛争の解決を目指す手続です。

　民事調停の特色として、紛争の実情に即した柔軟で具体的な解決が図られること、簡易な手続により迅速に解決が図られることなどが挙げられます。

（2）　宅地建物調停

　民事調停事件は、①民事一般調停事件、②宅地建物調停事件、③農事調停事件、④商事調停事件、⑤鉱害調停事件、⑥交通調停事件、⑦公害等調停事件、⑧特定調停事件に区別されます。

　民事調停法は、第1章で民事一般調停事件の通則を定めた上で、第2章で、その特則として上記②～⑦を定めています。なお、⑧の特定調停事件については、民事調停法の特則である特定調停法に定めがあります。

　賃料増減額調停は、このうち②の「宅地建物調停事件」に当たります。

（3）　調停前置主義

　民事調停法は、宅地建物調停事件についての特則を定める24条の2で、借地借家法32条の建物の借賃の額の増減の請求に関する事件について訴えを提起しようとする者は、まず調停の申立てをしなければならず、調停の申立てをすることなく訴えを提起した場合には、受訴裁判所は、その事件を調停に付さなければならないとして、いわゆる調停前置主義を定めています。

　当事者の信頼関係を基礎とする継続的契約である賃貸借関係について、賃貸人と賃借人間の円満な関係を維持するには、できるだけ当事者の合意による解決が望ましいとされていることによるものです。

（4）　協議の余地が見込めない場合にも調停を前置する必要があるか

　それでは、契約当事者間で賃料増減額の可否を巡って大きな対立があり、調停を申し立てても相手方が協議に応じないことが明らかな場合でも、やはり訴訟を提起するには予め調停を申し立てなければならないのでしょうか。

この点、民事調停法24条の2は、「前項の事件について調停の申立てをすることなく訴えを提起した場合には、受訴裁判所は、その事件を調停に付さなければならない。ただし、受訴裁判所が事件を調停に付することを適当でないと認めるときは、この限りでない」と定めています。ここにいう「調停に付することを適当でないと認めるとき」とは、例えば過去に何度も賃料額を巡る紛争が発生し、いずれも調停ではなく訴訟によって解決されているような場合がこれに該当するとされています[1]。

　実務上は、調停を申し立てても協議による解決は見込めないとしていきなり訴訟提起が行われるケースもままありますが、そうした場合でも民事調停法24条の2本文の規定により、ひとまず調停手続に付されてしまうことが多いのではないかと思われます。

---

(1) 福田剛久「『民事調停法の一部を改正する法律及び民事調停規則の一部を改正する規則』の概要」判例タイムズ785号28頁以下（1992）。

Q34

　地方の物件を賃借して商業施設を営んでいますが、賃貸人と賃借人はいずれも東京に本社があります。この場合、賃貸人と予め合意した上で、東京の裁判所で賃料減額の調停申立てを行うことができますか。

(1)　賃料増減額請求に関する調停の管轄

　賃料増減額請求に関する調停は、宅地建物調停事件として、紛争の目的である宅地若しくは建物の所在地を管轄する簡易裁判所又は当事者が合意で定めるその所在地を管轄する地方裁判所に申し立てる必要があります（民事調停法 24 条）。

　民事調停法は、3 条 1 項で一般民事調停事件の管轄を定めていますが、同法 24 条は宅地建物調停についてその特則を定めており、両事件の管轄を比較すると以下のとおりになります。

一般民事調停（3 条 1 項）	宅地建物調停（24 条）
①　相手方の住所、居所、営業所又は事務所の所在地を管轄する簡易裁判所 ②　当事者が合意で定める地方裁判所又は簡易裁判所	①　目的物件の所在地を管轄する簡易裁判所 ②　当事者が合意で定める目的物件の所在地を管轄する地方裁判所

　上記のとおり、宅地建物調停事件では、一般民事調停と異なり相手方の住所地や本店所在地を管轄する裁判所に調停を申し立てることはできません。

　注意すべきは、一般民事調停事件では、事物管轄と土地管轄のいずれについても管轄合意が可能ですが、宅地建物調停事件では、管轄合意ができ

るのは事物管轄だけで、土地管轄についての管轄合意はできないというこ
とです。民事調停法24条の「当事者が合意で定めるその所在地を管轄する
地方裁判所」とは、当事者間で合意すれば簡易裁判所だけでなく物件所在
地を管轄する地方裁判所にも申し立てられることを定めたものです。

　そのため、設問の事案でいえば、法文上は、賃借人は目的不動産の所在
する地方の簡易裁判所か、賃貸人と合意した上で同所在地の地方裁判所に
対して調停を申し立てる必要があります。

(2)　管轄に関する実務上の対応について

　裁判所は、事物管轄違いの事件（簡易裁判所ではなく地方裁判所に申し
立ててしまったような場合）については直ちに管轄権のある裁判所に対し
て移送手続をとらねばならないとされていますが（民事調停法4条1項本
文）、土地管轄違いの場合には、仮に管轄外の調停申立てがなされても、
直ちにこれを不適法として却下するわけではありません。すなわち、裁判
所は、調停事件の全部又は一部がその管轄に属しないと認めるときは、申
立てにより又は職権で、これを管轄権のある地方裁判所又は簡易裁判所に
移送しなければならないとされており、事物管轄違いの場合はその例外は
認められていません。一方で、土地管轄違いの場合には、事件を処理する
ために特に必要があると認めるときは、職権で、「土地管轄の規定にかか
わらず」、事件の全部又は一部を他の管轄裁判所に移送し、又は自ら処理
することができる（これを「自庁処理」といいます）とされています（民
事調停法4条1項）。そのため、設問の事案で仮に当事者間で合意して東京
簡易裁判所に調停申立てを行った場合、物件所在地を管轄する簡易裁判所
に移送せずに、裁判所の裁量的判断で自庁処理をしてくれる可能性もあり
ます。

　また、民事調停法24条の2は、宅地建物調停事件について当事者が調停

の申立てをすることなく訴えを提起した場合、受訴裁判所は、その事件を調停に付さなければならないと定めていますが、この場合、受訴裁判所は管轄裁判所に調停事件を処理させることができるほか、自ら調停事件を処理することもできます（民事調停法20条）。無論、民事訴訟については、不動産の所在地のほか、被告の住所地や本店所在地を管轄する裁判所への提起が可能であるほか、土地管轄についての管轄合意も可能ですので（民事訴訟法4条、同5条）、受訴裁判所が自ら調停に付して事件を処理してくれることを期待して、あえていきなり訴訟を提起するということも考えられます。

なお、宅地建物調停事件について、法文上は当事者の合意によっても土地管轄を変更することができないということは、意外と知られていません。調停になると遠方の裁判所で手続を強いられるということも、場合によっては任意協議時の一つの交渉材料になることがあるでしょう。

3 調停手続に応じる義務

Q35

テナントビルを賃貸に出していますが、賃借人が賃料減額請求の調停を申し立て、裁判所から期日への呼び出しを受けています。当社としては賃料減額に応じる余地はなく、話合いをしても意味がないと考えていますが、調停手続に応じる義務はありますか。

(1) 調停期日への出頭義務

調停手続はあくまで当事者間の話合いと合意による解決を目指す手続ですが、調停期日への呼び出しを受けた当事者は、調停期日に出頭しなければならず、正当な事由がなく出頭しないときは、5万円以下の過料に処せられることがあります（民事調停法34条）。過料とは、行政上の秩序の維持のために違反者に制裁として金銭的負担を料すものです。

「正当な事由」とは、出頭しないことが一般的客観的に見て真にやむを得ないと認められる相当な理由がある場合を指し、具体例としては、①調停の目的である法律関係の当事者でない者による申立て、②調停事件の関係人が頭部裂傷等によって安静を要する症状にある場合、③取引の都合上、予め調停委員の了解を得て出頭しなかった場合等がこれに当たるとされています[2]。そうすると、調停申立てに応じる余地が全くない場合は、「正当な事由」ありとはされないとも考えられますが、調停成立可能性が全くないのに期日を開催するのは無意味であるとして「正当な事由」ありとする意見もあります。

---

(2) 石川明＝梶村太一編『注解民事調停法』441頁（青林書院、1993）。

(2) 実務上の対応

　実際には不出頭について過料に処せられるケースは非常に稀で、被申立人が期日に出頭しなかった場合には、調停成立の余地なしとして手続が打ち切られるケースがほとんどと考えられます。

　もっとも、賃料増減額請求に係る調停事件では、調停前置主義（民事調停法24条）が取られている都合上、申立人側も当初から訴訟を見越して調停を申し立てているケースも多く、仮に被申立人が出頭せず調停自体は打ち切られても、申立人は、十中八九、賃料増減額請求訴訟を提起してきます。民事訴訟では、被告が期日に出頭しないと原告の主張を認めたものとみなされて敗訴してしまうため（民事訴訟法158条）、これを避ける為には被告側も期日に出頭して対応せざるを得ません。この場合に、被告が事前の調停手続で裁判所による期日への呼び出しを無視する対応をとっていると、そうした対応に裁判所が印象を悪くしてしまう可能性もあります。また、事前に調停手続で実質的な協議がなされていない場合には、訴訟提起後に裁判所が改めて事件を調停手続に付すということも見られます。

　そのため、こと賃料増減額請求事件に関しては、調停期日への呼び出しを受けた場合に、協議に応じる余地がないからといって全く何もしないということは得策ではなく、自身の主張や考えを書面で提示しておくことが望ましいと考えます。最低限、協議に応じられないことを記した上申書を提出するなどの対応はしておくべきでしょう。

4 調停申立ての方法（調停申立書の記載例）

Q36

賃料増減額請求に関する調停申立ての具体的方法を教えてください。申立書の記載例があれば参考にさせてください。

(1) 申立書

調停申立書には、次の事項を記載し、当事者又は代理人が記名押印します（民事調停法4条の2第2項、民事調停法施行規則3条、同24条、非訟事件手続法施行規則1条1項）。

① 当事者の氏名（名称）及び住所

② 代理人（法定代理人・任意代理人・法人の代表者等）があるときは、その氏名及び住所

③ 当事者又は代理人の郵便番号、電話・FAX番号

④ 申立ての趣旨

⑤ 紛争の要点

⑥ 事件の表示

⑦ 附属書類の表示

⑧ 申立年月日

調停申立書

令和○年○月○日

○○簡易裁判所　御中

　　　　　　申立人代理人弁護士　○　　○　　○　　○

〒○○○-○○○○　東京都○○区○○1丁目2番3号

　　　　　　申　　立　　人　○○○○株式会社

　　　　　　上記代表者代表取締役　甲　野　太　郎

〒○○○-○○○○　東京都○○区○○4丁目5番6号

　　　　　　○○○○法律事務所

　　　　　　申立人代理人弁護士　○　　○　　○　　○

　　　　　　電　話：03-○○○○-○○○○

　　　　　　ＦＡＸ：03-○○○○-○○○○

〒○○○-○○○○　東京都○○区○○7丁目8番9号

　　　　　　相　　手　　方　□□□□株式会社

　　　　　　上記代表者代表取締役　乙　野　二　郎

賃料減額請求調停申立事件

調停を求める事項の価額　○円

貼用印紙額　○円

申立ての趣旨

　申立人が相手方から賃借している別紙物件目録記載の建物の賃料が、令和○年○月○日以降、月額金○円（消費税別途）であることを確認する。

との調停を求める。

紛争の要点

1　令和○年○月○日、申立人は、相手方から、別紙物件目録記載の建物（以下「本件建物」という。）を、以下の約定で賃借し（以下「本件賃貸借契約」という。）、その頃引き渡しを受けた。

（1）目的　商業施設

（2）期間　令和○年○月○日から令和○年○月○日までの○年間

（3）賃料　月額○円（消費税別途）を、毎月末日限り翌月分を支払う。

2　本件建物の賃料額は、本件賃貸借契約締結後の公租公課の増加などの経済事情の変動により、近傍相場と比較して著しく高い金額となっている。

3　そこで、申立人は、令和○年○月○日付け申入書において、本件建物の同年○月分以降の賃料額を月額○円に減額改定する旨の意思表示を行った。そして、同申入書は令和○年○月○日に相手方のもとに到達した。

4　その後、申立人と相手方は、本件建物の賃料額について一定期間協議を行ったが、交渉がまとまらなかったことから、本申立てを行うに至ったものである。

添付書類

1	申立書副本	1通
2	甲号証の写し	各2通
3	証拠説明書	2通
4	不動産登記簿謄本	1通
5	固定資産評価証明書	1通
6	委任状	1通
7	資格証明書	2通

(2)　申立ての趣旨

　申立ての趣旨については、訴訟とは異なり厳密なものではないため、様々なバリエーションが考えられます。

　1　申立人が相手方から賃借している別紙物件目録記載の建物の賃料が、令和〇年〇月〇日以降、月額金〇円であることを確認する。
　2　相手方は、申立人に対して、〇円を支払う。
　との調停を求める。

　申立人が相手方から賃借している別紙物件目録記載の建物の賃料を、令和〇年〇月〇日以降、相当額に減額する。
　との調停を求める。

---

(3)　紛争の要点

　紛争の要点については、賃貸借契約の内容や現行の賃料額が定められるに至った経緯、賃料増減額を求める理由について記載します。 **Q1** で記載したとおり、賃料増減額を求めるには「直近合意時点」以降の「事情変更」が不可欠です。筆者の経験では、相手方がこの点の検討が不十分なまま調停申立てを行い、これに対して調停委員会から現行賃料が如何なる理由で不相当に至っているのか申立書を補充するよう指示されていたケースがありました。要件を意識した申立てをしないと、それ自体が十分な事前検討をしないまま安易に申立てをしているとして調停委員会の心証に悪影響を与えるおそれもあるため、十分に注意すべきです。

（4） 申立書の添付書類等

賃料増減額請求に係る申立書に添付する書類は以下のとおりです。

① 代理権等を証明する書類（委任状・法人代表者の資格証明書等）

② 対象物件の登記事項証明書

③ 対象物件の固定資産評価証明書

④ 証拠書類（賃貸借契約書・不動産鑑定評価書・賃料増減額請求権の
　行使書面等）

（5） 申立手数料

調停申立て時には、「調停を求める事項の価額」に応じた手数料を納付
する必要があります。「調停を求める事項の価額」は、賃料増減額請求事
件の場合、増減額後の賃料額と従前の賃料額の1か月当たりの差額に、増
減額の始期から調停申立て時までの期間と12か月間を合計した期間を乗
じて得た額となります。ただし、この額よりも目的物の価額の2分の1の
額の方が低額であることを調停申立て時に申立人が疎明した場合には、目
的物の価額の2分の1を「調停を求める事項の価額」とすることができま
す。

手数料は調停申立書に収入印紙を貼って納めますが、平成16年4月1日
以降、納付する手数料の額が100万円を超える場合には、現金納付（裁判
所が発行する納付書を用いた納付）も可能になっています。

実際の手数料額は、「調停を求める事項の価額」に応じて概ね以下のと
おりです。

調停で求める事項の価額	手数料額
500 万円未満	500 円～1 万 4,500 円
500 万円以上	1 万 5,000 円～2 万 4,000 円
1,000 万円以上	2 万 5,000 円～3 万 5,800 円
2,000 万円以上	3 万 7,000 円～4 万 7,800 円
3,000 万円以上	4 万 9,000 円～5 万 9,800 円
4,000 万円以上	6 万 1,000 円～7 万 1,800 円
5,000 万円以上	7 万 4,200 円～8 万 3,800 円
6,000 万円以上	8 万 5,000 円～9 万 5,800 円
7,000 万円以上	9 万 7,000 円～10 万 7,800 円
8,000 万円以上	10 万 9,000 円～11 万 9,800 円
9,000 万円以上	12 万 1,000 円～13 万 1,800 円
1 億円以上	13 万 3,000 円～

5 調停手続の進行

Q37

　賃料増減額請求に関する調停手続について、具体的にどのように進められるのかを教えてください。

(1)　調停委員会の組成

　調停の申立てがあると、通常は、調停主任裁判官1名と、民間から選ばれる2名の民事調停委員からなる調停委員会が組成されます。民事調停委員は、当該専門的な事項に詳しい専門家が指定され、賃料増減額請求の場合には、弁護士1名と、不動産鑑定士1名が指定されるのが一般的です。

　調停期日には調停主任裁判官と調停委員が全員列席するのが建前です。しかし、調停主任裁判官は多数の事件を担当しているため、実務上は、調停委員2名のみが期日に列席して当事者とやり取りし、調停主任裁判官は大きな方針決定が必要となる場合や、調停委員から裁判官としての判断・評議を求められた場合、当事者を直接説得する必要があるような場合にのみ期日に列席するということも少なくありません。もちろん、そうした場合でも、調停委員は調停期日の前後に調停主任裁判官と評議等をすることで意思疎通が図られます。

(2)　調停期日に向けた当事者の準備

　調停に関与する者（事件の関係者のほか、調停主任裁判官や調停委員、書記官も含まれるとされています）は、調停が適正かつ迅速に行われるように、調停期日外で十分な準備をしなければならないとされています（民事調停規則9条）。ここで「十分な準備」とは、期日で紛争の実相を踏まえ

た実益のある協議ができるように、事実関係や争点の把握・整理に有用な準備を行うことをいいます。

　そのため、調停委員会は、調停を申し立てられた相手方に対して申立て内容に対する回答書（答弁書）の提出を求めたり、当事者は期日前に自身の主張等を記載した書面や、これを基礎付ける証拠を提出したりし、調停委員会もそれらを予め確認した上で期日に臨みます。

　なお、こうした主張書面や証拠の事前提出は、民事訴訟とも共通するところがありますが、民事訴訟では、「口頭弁論は、書面で準備しなければならない」（民事訴訟法 161 条 1 項）と定め、書面主義を取り入れていることから、実務上は同条に基づき提出される書面を「準備書面」というのに対し、民事調停では準備すべき口頭弁論が存在しないため、単に「主張書面」と呼んだりします。

　一方、調停手続における証拠調べは民事訴訟法の規定に従って行われますので（民事調停法 22 条、非訟事件手続法 53 条）、契約書や鑑定書などの書証については、申立人が「甲号証」、相手方が「乙号証」で付番し、書証毎に標目や作成者、立証趣旨を明らかにした証拠説明書とあわせて提出します。

(3)　調停期日でのやり取り

　調停期日は非公開の調停室において行われます（民事調停法 22 条）。ただし、調停委員会が相当であると認めた者については傍聴が許されます。申立人や相手方が会社組織である場合には、担当社員が傍聴を希望することも少なくありませんが、あくまで担当社員は当事者本人ではないため、傍聴を希望する場合には予め裁判所に伝えて調整しておくことが適切です。

　調停期日では、調停委員会が申立人と相手方を交互に調停室に入室させ、上記 **(2)** で事前に提出された主張書面や証拠を踏まえ、各当事者の意見

を個別に聴取しながら合意解決の落としどころを探って行きます。

通常は、上記 **(2)** の事前準備を挟みながら 1 か月〜1 か月半毎に調停期日が開かれ、概ね 3 回程度で調停成立の目処を付けるというのが一般的ではないかと考えられます。

(4) 専門家調停委員による意見

賃料増減額請求に係る調停の特色の 1 つとして、専門家調停委員である不動産鑑定士が、簡易的な鑑定を行い、意見を述べる場合があることが挙げられます。

通常、賃料増減額請求事件については、当事者の意見や、それぞれが取得した不動産鑑定評価書等に相応の乖離がある場合も珍しくありません。こうした場合に、民事調停でも調停委員会が鑑定人として不動産鑑定士を選任し、正式な鑑定を行うことも可能ではありますが（民事調停法 22 条、非訟事件手続法 53 条）、合意解決を目指す民事調停でそこまで行うケースはほとんどありません。その代わりに、調停委員の 1 人である不動産鑑定士が簡易的な鑑定を行い、評価書を作成してこれを合意解決に向けた協議に供してくることがあります。

正式な鑑定を行うとなると、それなりに費用も時間もかかります。しかし、専門家調停委員による評価書という方法であれば、当事者にとって追加費用もかからず、簡易迅速に専門家の第三者的評価を得られるという点でメリットがあります。また、仮に調停が不成立になったとしても、調停段階でそうした専門的な評価が得られていることは、その後の訴訟手続において影響することも考えられます。ただし、専門家調停委員によっては、あくまで限られた情報に基づく簡易鑑定であることや調停手続での解決を企図した評価をしていること等を理由に、評価書について調停手続外で使用しないよう釘を刺されることもあります。

（5）　調停成立

　調停が成立すると、合意内容が記載された調停調書が作成されます。この調停調書は、裁判上の和解と同一の効力があり（民事調停法16条）、裁判上の和解は確定判決と同一の効力があるとされています（民事訴訟法267条）。

　したがって、当事者は、仮に相手方が調手条項で定められた給付義務を履行しないときは、判決と同じように調停調書を債務名義として相手方の資産に対し強制執行をすることができます。ただし、調停の場合、申立て時点では相当賃料額の確認までしか求めておらず、差額分の給付請求までは行わないというケースもままあります。そのため、調停調書に基づいて事後に強制執行までできるようにしておくためには、確認請求に加えて差額分の給付請求まで行っておく必要がありますが、その際の留意点については、訴訟と同様の事項が当てはまります（ Q12 、 Q40 参照）。

（6）　調停条項の裁定

　調停委員会は、当事者間に合意が成立する見込みがない場合、又は成立した合意が相当でないと認める場合であって、当事者間に調停委員会の定める調停条項に服する旨の書面による合意（当該調停事件に係る調停の申立ての後にされたものに限ります）があるときは、申立てにより、事件の解決のために適当な調停条項を定めることができ（民事調停法24条の3第1項）、この調停条項が調停調書に記載されたときは、裁判上の和解と同一の効力を与えられます（同2項）。これを調停条項の裁定といいます。

　しかし、こと賃料増減額調停に関しては、もとから調停不成立後は訴訟に移行することも視野に入れて申し立てられているケースも多く、実際に当事者間でそうした合意が成立する例はほとんどなく、利用例は多くないとされています。

(7)　調停に代わる決定

　一方、調停手続一般の制度として、裁判所は、調停委員会の調停が成立
する見込みがない場合において、相当と認めるときは、当該調停委員会を
組織する民事調停委員の意見を聴き、当事者双方のために衡平に考慮し、
一切の事情を見て、職権で、当事者双方の申立ての趣旨に反しない限度で、
事件の解決のために必要な決定をすることができます（民事調停法 17 条）。

　これを、「調停に代わる決定」とか「17 条決定」といいますが、裁判所
がかかる決定を出しても当事者が 2 週間以内に適法に異議を申し立てれば
決定の効力は失われてしまうため、こうした決定がされるのは、大筋で合
意に達しており僅かな面で合意に至っていないような場合や、当事者が
「合意による調停成立は希望しないが、裁判所の決定であれば受け入れる」
などと述べているような場合に限られるでしょう。

Q38

　賃借人に対して賃料増額の確認と不足する賃料の支払を求める調停を起こしましたが、賃借人が合意に応じず調停が不成立となりました。訴訟提起を行う予定ですが、注意すべき点があれば教えてください。

（1）　調停不成立

　当事者間の主張が対立していて、調停委員会のあっせんによっても調停成立の見込みがない場合、調停委員会は調停が成立しないものとして調停事件を終了させます（民事調停法 14 条、民事調停法施行規則 22 条 1 項）。

（2）　2 週間以内の提訴によるみなし効果

　調停が不成立となった場合、賃料増減額を請求する側としては続いて訴訟提起を検討することになりますが、その場合、調停不成立が告知された日から 2 週間以内に訴訟を提起すれば、調停を申し立てたときにその訴訟提起があったものとみなされます（民事調停法 19 条）。

　このようなみなし規定の実益はどこにあるのでしょうか。

　まず、訴訟提起には消滅時効の完成を阻止する効力がありますので（民法 147 条 1 項 1 号）、調停手続を経ているうちに消滅時効期間が経過してしまうのを阻止できるとの指摘があります。この点、賃貸借契約に基づく賃料請求権は、2020 年 4 月施行の民法改正前であれば定期給付債権の短期消滅時効として発生から 5 年で（同法 169 条）、民法改正後は一般消滅時効として発生を知ったときから 5 年（同法 166 条 1 項 1 号）で消滅します。

　しかし、改正前の民法 151 条は、調停不成立から 1 か月以内に提訴すれ

ば時効が中断するとし、改正後の民法 147 条も調停不成立から 6 か月以内に提訴すれば時効は完成しないと定めています。そのため、たとえ調停不成立から 2 週間が経過しても、改正前民法が適用される場合には調停不成立から 1 か月以内に、改正後民法が適用される場合には 6 か月以内に提訴すれば消滅時効の完成を阻止することができます。そうすると、時効の完成を阻止するという点では、上記のみなし規定はあってもなくても余り変わりはなさそうです（なお、賃料債権の消滅時効、改正民法の適用関係については Q32 を参照してください）。

　一方、民事訴訟費用法 5 条 1 項は、民事調停法 19 条の規定により調停申立て時点で訴訟提起があったものとみなされる場合、提訴時に納付する手数料の算定に当たっては、調停申立て時に納めた手数料に相当する額は既に納めたものとみなすと規定しています。そのため、調停不成立から 2 週間以内に訴訟を提起することで、調停申立て時に納付した手数料をそのまま訴訟提起の手数料にも流用することができます。賃料増減額請求の訴訟となると、調停申立て時や訴訟提起時に納付する手数料額が数十万円単位になることも少なくなく、提訴時に調停申立て時に納付済みの手数料を控除できるのか否かでは大きな違いがあります。

　このようなみなし効果を受けるためには、調停事件の不成立の時期や調停申立時に納めた手数料額等について、調停手続を行った書記官の発行する証明書が必要となります。事後に証明書の申請を行ったり、遠方の裁判所だったりすると、証明書の発行に時間がかかり 2 週間を経過してしまうおそれもあります。そのため、実務上は、調停が不成立になった場合には直ちに書記官室に行き、その場で調停不成立証明書の発行を受けるのが一般的です。

3 民事訴訟

1 訴訟手続の管轄

Q39

賃借人に対して賃料増額請求訴訟を提起したいと考えていますが、どこの裁判所に訴えを提起したらよいでしょうか。賃料増額請求の行使時点から現在までの差額賃料は 140 万円を超えています。当社は本店所在地を東京都千代田区に置く大企業です。物件所在地は札幌市にあり、賃借人は物件所在地で営業する個人事業主です。賃料の振込先は、△△銀行の丸の内支店（東京都）となっています。賃貸借契約書には、管轄に関する規定は特にありません。

（1） 調停手続との違い

Q34 でも述べたとおり、賃料増減額に係る調停手続の管轄については、物件所在地に土地管轄があり、合意管轄によっても土地管轄を変更することができないという特徴があります。

これに対し、賃料増減額に係る訴訟手続の管轄については、このような特別規定はありませんので、民事訴訟法の通常の管轄規定が適用されます。

（2） 事物管轄について

Q36 にて述べた方法によって算出される訴額が 140 万円を超える請求は地方裁判所、同額を超えない請求は簡易裁判所に事物管轄があります

（裁判所法 33 条 1 項 1 号）。

(3)　土地管轄について

①　普通裁判籍

　被告の普通裁判籍の所在地を管轄する裁判所の管轄に属するとされています。そして、人の普通裁判籍は、原則として住所により定まります。また、法人等の普通裁判籍は、原則としてその主たる営業所により定まります（民事訴訟法 4 条 1 項、2 項、4 項）。

②　特別裁判籍

（ⅰ）　不動産所在地

　賃料増減額確認訴訟は、不動産に関する訴えに当たりますので、不動産の所在地を管轄する裁判所に提起することができます（民事訴訟法 5 条 12 号）。裁判所鑑定（ Q43 ）は、裁判所の所在する地域にいる不動産鑑定士の中から鑑定人が選任されることが多いため、対象不動産の所在地周辺の鑑定実践の豊富な鑑定士に鑑定してもらえるよう、あえて不動産所在地を管轄する裁判所に提訴するという判断もあるでしょう。

（ⅱ）　財産権上の訴えにおける義務履行地

　差額賃料等の給付請求を併合して請求する場合、義務履行地を管轄する裁判所に訴えを提起することができます（民事訴訟法 5 条 1 号）。義務履行地は、当事者間の合意があればその場所に、合意がなければ法律の規定によって定まります。義務履行地に関する合意がない場合、賃料差額の給付請求については、債権者の住所地を管轄する裁判所が管轄裁判所となるでしょう（民法 484 条参照）。

③　併合請求の裁判籍

　1 つの訴えで数個の請求をする場合には、1 つの請求について管轄権を有する裁判所にその訴えを提起することができます（民事訴訟法 7 条）。賃

料増減額確認請求と賃料差額の給付請求を併合して訴え提起する場合には、いずれかの請求に管轄があれば、その裁判所に訴えを提起することができます。

④ **合意管轄**

当事者間の合意によって管轄裁判所を決めることができます（民事訴訟法11条）。管轄の合意の態様には、①競合する法定管轄の一部を排除する「消極的合意」、②法定管轄以外の裁判所にも付加的に管轄を認める「付加的合意」、③法定管轄の有無を問わず特定の1個又は数個の裁判所にだけ管轄を認める「専属的合意」があると言われています[(1)]。

賃貸借契約書には、物件の所在地を管轄する地方裁判所を専属的合意管轄裁判所にする、賃貸人の本店所在地を管轄する地方裁判所を専属的合意管轄裁判所とするなどの合意管轄が規定されている場合があります。その場合は、当該裁判所にのみ管轄が認められることになりますので、注意が必要です。

もっとも、専属的合意がある場合に、他の裁判所では一切審理できないというわけではありません。第一審の裁判所は、訴訟がその管轄に属する場合においても、当事者及び尋問を受けるべき証人の住所、使用すべき検証物の所在地その他の事情を考慮して、訴訟の著しい遅滞を避け、又は当事者間の衡平を図るため必要があると認めるときは、申立てにより又は職権で、訴訟の全部又は一部を他の管轄裁判所に移送することができるとされています（民事訴訟法17条）。

⑤ **応訴管轄**

被告が第一審裁判所において管轄違いの抗弁を提出しないで本案につい

---

(1) 裁判所職員総合研修所監修『民事実務講義案Ⅰ（五訂版）』33頁（司法協会、2016）

て弁論をし、又は弁論準備手続において申述をしたときは、その裁判所は、管轄権を有するとされています（民事訴訟法 12 条）。例えば、専属的合意管轄があり、管轄権を争う場合には、安易に答弁書を提出すると応訴管轄が生じてしまい、管轄を争えなくなってしまうことがあります。管轄を争う場合には、答弁書において管轄違いによる請求却下の答弁を行い、別途、移送申立書を提出するのが安全でしょう。

（4）　設問について

　減額請求の行使時点から現在までの差額賃料は 140 万円を超えていますので、地方裁判所に事物管轄があります。

　そして、賃借人の本店所在地は札幌市ですので、普通裁判籍は札幌地方裁判所となります。また、物件所在地も札幌市ですので、同裁判所に特別裁判籍もあります。

　また、差額賃料の併合請求をする場合には、賃料支払の義務履行地は賃貸人の本店所在地であり、賃料の振込先でもある東京都千代田区となりますので、東京地方裁判所に特別裁判籍があります。

　専属的合意管轄の規定はありませんので、賃貸人としては、札幌地方裁判所と東京地方裁判所のいずれに訴訟提起するかを検討することになります。

　この点、東京から札幌への出張交通費や弁護士へ支払う日当などを考えると、東京地方裁判所に訴訟提起する方が経済的に有利です。そのため、賃貸人としては差額賃料の併合請求をすることで、義務履行地を管轄する東京地方裁判所に提訴することが考えられます。もっとも、物件所在地は札幌にあり、賃貸人は大企業であるのに対して、賃借人は個人事業主であることを踏まえると、賃借人から、民事訴訟法 17 条に基づく移送申立てがなされる可能性があります。その場合、移送の審理に 1 か月〜2 か月程度

を要する可能性があります。また、個別具体的事情の如何によっては、裁判所が、物件が札幌市にあることや個人事業主である賃借人が当該物件で営業していること、賃貸人が大企業であることなどを踏まえて、移送申立てを認容する可能性があります。裁判例においても、不動産に関する訴えが、被告の住所のある不動産所在地を管轄する新潟地方裁判所ではなく、原告の住所地を管轄する東京地方裁判所に提起された事案において、「証拠方法は多く新潟地方裁判所管轄内にあるものと推認され、かつ、右本件訴訟の内容からみて訴訟の追行上、新潟地方裁判所で審理をうける抗告人の負担より、東京地方裁判所で審理をうける相手方ら負担の方が大きいものと推認するに難くない」として、新潟地方裁判所への移送決定は相当であるとしたものがあります（東京高判昭和39年8月10日ウエストロー）。

　そこで、移送に関する審理に相当期間を要してもよいか否かについても検討の上、最終的には札幌地方裁判所に移送される可能性も相当程度あることを考慮に入れながら、東京地方裁判所に訴訟提起するか否かを検討することが適切と思われます。

Q40

　賃料増減額請求に関する訴訟提起の具体的方法を教えてください。
訴状の記載例があれば参考にさせてください。

（1）　訴訟事件と非訟事件

　民事訴訟は、原告の申立てに基づき、民事の法律上の争訟につき、裁判
所が対立当事者の主体的な関与の下に事実を認定し法を適用して権利・法
律関係の存否を判断し、その判断内容に裁判所及び当事者を拘束し、給付
を命じ、又は新たな権利関係を形成する判決をするための判決手続である
といわれています。これに対し、非訟手続とは、権利関係自体の終局的判
断は訴訟にゆずり、弾力的な実体法規を前提として合目的的な紛争処理の
迅速で効率的な実現を目指すものであるといわれています[2]。

　この点、賃貸借契約に関する非訟事件として、借地非訟事件があります。
これには、借地条件変更申立事件（借地借家法 17 条 1 項）、増改築許可申
立事件（借地借家法 17 条 2 項）、土地の賃借権譲渡又は転貸の許可申立事
件（借地借家法 19 条 1 項）、競売又は公売に伴う土地賃借権譲受許可申立
事件（借地借家法 20 条 1 項）、借地権設定者の建物及び土地賃借権譲受申
立事件（借地借家法 19 条 3 項、20 条 2 項）の 5 種類があります。

　そして、借地条件変更申立事件、増改築許可申立事件及び土地の賃借権
譲渡又は転貸の許可申立事件においては、付随処分として賃料の増減額が
決定されることがあります。そのため、賃料増減額請求事件も非訟事件で

---

(2)　上田徹一郎『民事訴訟法（第 7 版）』11 頁、19 頁（法学書院、2011）

あると誤解している人もいるようですが、賃料増減額請求訴訟は、訴訟事件です。

(2) 訴状

訴状には、次の事項を記載し、当事者又は代理人が書面若しくは記名押印するものとされています（民事訴訟法 133 条 2 項、民事訴訟法規則 2 条、53 条）。

① 形式的記載事項

（ⅰ） 当事者の氏名又は名称及び住所並びに代理人の氏名及び住所

（ⅱ） 事件の表示

（ⅲ） 附属書類の表示

（ⅳ） 年月日

（ⅴ） 裁判所の表示

② 実質的記載事項

（ⅰ） 当事者及び法定代理人

（ⅱ） 請求の趣旨及び原因（請求を特定するのに必要な事実）

（ⅲ） 請求を理由付ける事実、立証を要する事由毎に、当該事実に関連する事実で重要なもの及び証拠

【訴状の記載例】

訴　状

令和〇年〇月〇日

〇〇地方裁判所　御中

原告訴訟代理人弁護士　〇　　　〇　　　〇　　　〇

〒〇〇〇-〇〇〇〇　東京都〇〇区〇〇１丁目２番３号

原　　　　　告　〇〇〇〇株式会社
上記代表者代表取締役　甲　　野　　太　　郎

〒〇〇〇-〇〇〇〇　東京都〇〇区〇〇４丁目５番６号

〇〇〇〇法律事務所
原告訴訟代理人弁護士　〇　　　〇　　　〇　　　〇
電　話：03-〇〇〇〇-〇〇〇〇
ＦＡＸ：03-〇〇〇〇-〇〇〇〇

〒〇〇〇-〇〇〇〇　東京都〇〇区〇〇７丁目８番９号

被　　　　　告　□□□□株式会社
上記代表者代表取締役　乙　　野　　二　　郎

賃料減額請求訴訟事件

訴訟物の価額　　〇円

貼用印紙額　　　〇円

請求の趣旨

1　原告が被告から賃借している別紙物件目録記載の建物の賃料が、令和〇年〇月〇日以降、月額金〇円（消費税別途）であることを確認する。

2　被告は、原告に対し、○円及び内金○円に対しては令和○年○月

　○日以降、内金○円に対しては令和○年○月○日以降、各支払済み

　まで年1割の割合による金員を支払え。

　との判決を求める。

　　　　　　　　　　　　請求の原因

1　令和○年○月○日、原告は、被告から、別紙物件目録記載の建物

　（以下「本件建物」という。）を、以下の約定で賃借し（以下「本件

　賃貸借契約」という。）、その頃引き渡しを受けた。

　(1)　目的　商業施設

　(2)　期間　令和○年○月○日から令和○年○月○日までの○年間

　(3)　賃料　月額○円（消費税別途）を、毎月末日限り翌月分を支払う。

2　本件建物の賃料額は、本件賃貸借契約締結後の公租公課の増加な

　どの経済事情の変動により、近傍相場と比較して著しく高い金額と

　なっている。

3　そこで、原告は、令和○年○月○日付け申入書において、本件建

　物の同年○月分以降の賃料額を月額○円に減額改定する旨の意思表

　示を行った。そして、同申入書は令和○年○月○日に被告のもとに

　到達した。

4　その後、原告と被告は、本件建物の賃料額について一定期間協議

　を行ったが、交渉がまとまらなかったため、原告は、令和○年○月

　○日、被告を相手方として、賃料減額調停（○○地方裁判所令和○

　年（ノ）第○○号事件）を申し立てたが、令和○年○月○日、調停

　不成立により終了した。

5　原告は、賃料減額請求権を行使した令和○年○月○日以降も、本

件賃貸借契約書記載の従前賃料月額○円を支払い続けているが、同日以降の賃料額は○円に減額されたのであるから、被告は、その差額である○円について、法律上の原因なく利得している。そして、借地借家法38条3項ただし書により、原告は、当該差額について、年1割の割合による受領の時からの利息を付して返還しなければならない。

6　よって、原告は、被告に対し、本件賃貸借契約の賃料が、令和○年○月○日以降、月額金○円（消費税別途）であることの確認を求めるとともに、不当利得返還請求権及び借地借家法38条4項ただし書に基づいて、第5項の賃料差額である○円及び内金○円に対しては令和○年○月○日以降、内金○円に対しては令和○年○月○日以降、各支払済みまで年1割の割合による金員の支払を求める。

添付書類

1	訴状副本	1通
2	甲号証の写し	各2通
3	証拠説明書	2通
4	不動産登記簿謄本	1通
5	固定資産評価証明書	1通
6	委任状	1通
7	資格証明書	2通

(3)　申立ての趣旨

　債務名義を取得して強制執行できるようにするという観点からは、訴訟提起に当たって、賃料額の確認請求のみならず、給付請求も併合することをおすすめします。なお、給付請求を併合する場合、確認の利益がないのではないかという疑問がありますが、実務上は確認の利益が広く認められています。

　法定利息を請求する場合の請求の趣旨は、法定利息は各月の経過によって随時発生することを踏まえて、「被告は、原告に対し、〇円及び内金〇円に対しては令和〇年〇月〇日以降、内金〇円に対しては令和〇年〇月〇日以降、各支払済みまで年1割の割合による金員を支払え」などとする必要があります。なお、差額賃料の請求権は条文上「裁判が確定したとき」でないと発生しないとされているため、仮執行宣言を付すことは基本的にできません（東京地判平成30年11月14日ウエストロー「増額を正当とする裁判が確定するまでは相当と認める額の建物の賃料を支払うことをもって足りるとする借地借家法32条2項に照らし、仮執行宣言は相当ではないので、これを付さない」）。

　また、訴訟提起時においては、その時点までの賃料差額しか請求できませんので、口頭弁論が終結する直前に、終結時までの賃料差額を請求するために請求の趣旨変更申立書を提出するのを失念しないようにすることが肝要です。判決後も任意の履行を期待できない場合など、「あらかじめその請求をする必要がある」（民事訴訟法135条）場合には、将来給付の請求（口頭弁論終結後に支払期が到来する差額賃料を含む）も可能ですが、そうした将来給付の請求は、実務上の感覚としてはハードルが高い印象です。

(4)　請求の原因

　建物賃貸借契約における賃料増減額請求の請求原因事実は、次のとおり

です。

①　建物を目的とする賃貸借契約の成立

②　上記①に基づく賃借人への建物の引渡し

③　事情の変更により、従前の合意賃料が不相当になったことを基礎付ける事実

④　賃料増減額請求の意思表示をしたこと及びその到達日

⑤　相当賃料額

⑥　賃料額に争いがあること（調停が不調になったこと）

(5)　訴額の算定について

賃料増減額確認請求の訴額は、以下のとおりとされています[3]。

$$
\begin{array}{c}
\text{1か月当たり} \\
\text{の賃料差額}
\end{array} \times
\left(
\begin{array}{c}
\text{増額又は減額の始期から} \\
\text{訴え提起までの期間（月）}
\end{array} + 12\,\text{か月}
\right)
$$

ただし、訴え提起時に原告が目的不動産の価額の2分の1の額の方が低額であることを疎明したときは、その額を訴額とする。

なお、給付請求を併合して請求する場合には、訴えで主張する利益が共通である場合であると考えられますので、訴訟提起時には上記訴額と同様であると解されます（民事訴訟法9条1項ただし書）。もっとも、上記の12か月は平均審理期間を意味しますので、実際の審理期間が12か月を超えた場合に、給付請求の対象を口頭弁論終結時までの賃料差額に拡張する場合には、訴額はその分増額されて、追加の手数料を支払う必要があると

---

(3)　小川英明ほか編『事例からみる訴額算定の手引（三訂版）』159頁（新日本法規、2015）

解する余地があります。増減額について当事者間に争いがあり、賃料額の鑑定等が必要となる場合には、実際の審理期間は2年程度となることもありますので、口頭弁論終結前に請求の拡張をした場合、追加の手数料を支払う必要のある場合も多いでしょう。

また、給付訴訟を併合する場合に、賃料差額に遅延損害金や利息を付して請求する場合でも、遅延損害金等に係る部分は、附帯請求として訴額には参入されません（民事訴訟法9条2項）。

さらに、Q11 にて説明したとおり、平成26年9月25日の最高裁判例は、賃料増減額請求の確定判決の既判力は、原則として、請求時の賃料額のみにしか及ばないと判示しており、上記のような平均審理期間を考慮した算定は不相当であるとの見解もありますが、原告について主張どおりの賃料増減が認められれば少なくとも1年程度はその利益を享受し得ると見て、上記の考え方を変更する必然性はないと解されています[4]。

(6) 訴え提起手数料について

民事訴訟費用等に関する法律3条1項別表第1、1項下欄の記載により、訴額に応じて訴え提起手数料が決まります。Q36 に記載した民事調停の申立手数料の2倍の金額となります。もっとも、Q38 に記載したとおり、調停不成立から2週間以内に訴訟を提起した場合には、調停申立て時に納付した手数料をそのまま訴訟提起の手数料にも流用することができますので、調停申立て時に納付した手数料と同額を追加で支払えば足ります。

---

(4) 小川英明ほか編『事例からみる訴額算定の手引（三訂版）』162～163頁（新日本法規、2015）

(7)　調停前置主義

Q33 にて述べたとおり、訴え提起の前に、調停申立てを行わなければ
ならないのが原則であり、調停を経ている場合には、調停不成立証明書を
添付します。

3 敷金の追加預託・更新料の差額分の請求の可否

Q41

　当社が賃貸人として締結した賃貸借契約書中には、賃借人は敷金として月額賃料の6か月分を預託しなければならない旨の規定や、賃借人は契約更新時に更新料として月額賃料の1か月分を支払う旨の規定があります。今般、当社は賃借人に対して賃料を従前の月額10万円から月額15万円に増額する旨の賃料増額請求を行ったとして賃料増額請求訴訟を提起する予定ですが、その際に、差額賃料の支払とあわせて、敷金として差額賃料の6か月分30万円の追加預託や、賃料増額請求権の行使後に旧賃料額に基づき支払われた10万円の更新料について、増額後の賃料との差額分5万円の支払も求められますか。

(1)　賃料増額請求と敷金追加預託の関係

　実務上、賃貸借契約書の中で、敷金として賃料の数か月分を預託しなければならず、これに不足するときは約定額に満つるまで敷金を補充しなければならない旨の規定が設けられることがあります。そうした定めがある場合でも、賃貸人による賃料増額請求が認められたからといって賃借人は直ちに増額後の賃料を前提に敷金を補充すべき義務を負うわけではありません。敷金とは賃料の額のみならず賃貸人の賃借人に対する信頼度、賃貸借の存続期間、目的物の種類、用方等の具体的事情をも考慮して、当事者の合意によって定められるものであるからです（東京地判昭和48年1月26日判タ302号205頁、東京地判平成29年6月30日ウエストロー）。

　もっとも、「月額賃料の増額があった場合、賃借人は遅滞なく賃貸人に対し当該増額分の◯倍相当額の敷金を預託する」などと、賃料と敷金が明

確に連動する形で敷金の追加預託条項が定められている場合には、差額賃料とともに敷金の追加預託も請求することができます（東京地判平成30年1月26日ウエストロー）。そのため、賃貸借契約締結時に将来的な賃料増額請求が想定され、それが認められた場合に敷金の追加預託義務も課したい場合には、契約書でその旨明確に規定しておくべきでしょう。

(2)　賃料増額請求と更新料の関係

　賃貸借契約書の中で、賃借人は契約更新時に更新料として月額賃料の1か月分を支払う旨の規定がある場合、賃料増額請求権の行使後に旧賃料額に基づき支払われた更新料について、増額後の賃料との差額分の支払を求めることができます。もっとも、更新料は借地借家法32条2項所定の賃料に該当するとは認められないため、当該差額について年1割の法定利息を付して請求することはできず、民法に定める法定利息を付して請求し得るにとどまります（東京地判令和2年1月20日ウエストロー）。

(3)　設問の場合

　設問の場合には、賃貸借契約書中で「月額賃料の増額があった場合、賃借人は遅滞なく賃貸人に対し当該増額分の〇倍相当額の敷金を預託する」といった賃料と敷金が明確に連動する形で敷金の追加預託条項が定められているわけではないため、賃料増額請求確定後にそれに応じて敷金の追加預託を求めることはできないと考えられます。

　一方、既に旧賃料額に基づき支払われた更新料については、賃料増額請求後の賃料額との差額を請求することができます。

Q42

　賃貸人から期間満了による建物からの立ち退きを求める訴訟を提起
されました。訴訟では、裁判所も賃貸人の立ち退き請求には正当事由
がないのではないかとして当方に有利に手続が進行していたのですが、
そうした中で、突如として賃貸人が賃料増額請求権を行使したとして、
請求原因として賃料増額請求を追加してきました。このような請求の
追加は認められるのでしょうか。

　賃貸人が更新拒絶や中途解約を理由に賃貸借契約が終了したとして目的
物の明渡請求訴訟を提起し、審理中に、自身の請求が認められなさそうで
あることを悟って、あるいは賃借人側にプレッシャーをかけるために賃料
増額請求を行い、訴訟の請求原因として賃料増額請求を追加するというこ
とが、訴訟戦略としてなされる場合があります。

　もっとも、この場合には、元々の建物明渡請求権と賃料増額請求権とは
請求の基礎を同一にするとはいえないため、訴えの変更の要件（民事訴訟
法 143 条 1 項）を満たさないと考えられます[5]。そのため、賃借人側とし
ては、訴えの追加的変更に異議を述べて対抗することが考えられます。

　また、賃貸人側としては、目的物の明渡請求訴訟の係属中に賃料増額請求
を追加することは認められない可能性があることも踏まえて、訴訟戦略を検
討することになります。この場合には、目的物の明渡し請求訴訟を取り下げ
て、別途、賃料増額請求調停を申し立てることが原則的な対応と考えられます。

---

(5) 廣谷章雄『借地借家訴訟の実務』263 頁（新日本法規、2011）

Q43

　賃料増減額訴訟は、裁判所が選任した不動産鑑定士による鑑定結果に大きく左右されると聞きました。それなのに、高いお金をかけて、自分で不動産鑑定士に依頼して鑑定を行う意味はあるのでしょうか。

（1）　当事者鑑定と裁判所鑑定

　賃料増減額訴訟においては、原告と被告の双方から、各自が任意に選任した不動産鑑定士の作成した鑑定評価書が提出される例が多いです。

　これに対し、裁判所が選任した不動産鑑定士による鑑定が、裁判所鑑定です。

（2）　裁判所鑑定が重視されること

　裁判所は、裁判所鑑定を重視する傾向にあり、賃料増減額請求事件の判決は、多くの場合、以下のような構成を採っています。

---

①　裁判所鑑定が中立公正な鑑定人による専門的な知識経験に基づき作成されており、基本的に信用性が高いことの説示
②　裁判所鑑定に対する当事者の主張について、裁判所鑑定の高度の信用性を減殺する「特別の事情」があるかの検討・分析
③　当事者が提出した私的鑑定を、裁判所鑑定よりも優先させるべき「特別の事情」があるかの検討・分析

　例えば、神戸地判平成 30 年 2 月 21 日ウエストローは、次のとおり説示

しています。

　裁判所鑑定書は、不動産鑑定士（不動産の鑑定評価に関する法律３条以下参照）であり、かつ、当事者と利害関係を有しない中立公正な立場にある裁判所鑑定人が、その専門的な知識経験に基づき、本件建物部分１及び２の継続賃料の適正額を鑑定評価したものであるから、一般的に信用性が高いということができる。

　そうすると、裁判所鑑定書は、判断（鑑定評価）の前提とした事実に重大な誤認があり、又は判断の手法若しくは過程が合理性を欠くなどの特段の事情のない限り、信用することができる。そして、その合理性を判断するに当たっては、①鑑定評価の基礎とされた資料の内容に重大な誤りがあるか否か、②鑑定評価の手法及び過程が、国土交通省の定めた不動産鑑定評価基準（証拠略。以下「評価基準」という。）及び不動産鑑定評価基準運用上の留意事項（証拠略。以下「留意事項」という。）の定めに適合しているか否か、という点を中心に検討するのが相当である。

　そこで、以下では、当事者の指摘する点に即して、上記特段の事情があるか否かの観点から、裁判所鑑定書の信用性を検討することとする。

　鑑定評価は、国土交通省の鑑定評価基準に従うことになってはいるものの、不動産鑑定士の裁量評価による部分が大きいことを否定することはできません。例えば、 Q50 で述べるとおり、継続賃料の算定に当たっては、４つの手法で試算賃料を算出した上、それぞれの特徴等を比較検討し、当該事案における最も合理的な加重割合を判断して、それぞれの試算賃料を加重割合で平均化して相当賃料額を算出しますが、どのような加重割合と

すべきかについては明確な基準があるわけではありません。また、鑑定手法の1つである差額配分法では、新規賃料と従前の約定賃料との差額を算出し、それを賃貸人と賃借人とで一定割合で割り振りますが、どのように割り振るかという点に明確な基準がありません。

　原告、被告から依頼を受けた不動産鑑定士は、その裁量の許される範囲内で、依頼人である当事者に最も有利な鑑定評価を行う傾向にあります。

　そこで、中立公正な立場にある裁判所鑑定人による鑑定評価が重要視されるのです。

(3)　当事者鑑定を取得する意味

　しかしながら、以下の理由から、賃料増減額訴訟において良い結果を得るためには、自らが選任した不動産鑑定士の助力は必要不可欠であると考えます。

①　適正賃料の下限と上限を画する可能性があること

　不動産鑑定士が、故意に、不当な不動産の鑑定評価その他鑑定評価等業務に関する不正又は著しく不当な行為を行ったときは、国土交通大臣は、懲戒処分として、1年以内の期間を定めて鑑定評価等業務を行うことを禁止し、又はその不動産鑑定士の登録を消除することができるなどとされています（不動産の鑑定評価に関する法律40条）。

　不当鑑定を行えば、不動産鑑定士はこのような厳しい処分を受ける可能性があるのですから、いくら裁量があるといっても、不当鑑定を行うとは通常は考えられません。

　そこで、原告側、被告側の当事者鑑定は、裁量によって幅が生じ得る適正賃料の上限と下限を画するものとなる場合があります。

　調停手続などで、双方から当事者鑑定が提出されている場合には、それらの中庸値を適正賃料とする調停案が出される場合があります。

② 裁判所鑑定人に対して、本鑑定において考慮すべき重要な点を伝える意味

　訴訟提起後、直ちに裁判所が鑑定人を選任するというのは通常では考え難く、双方が、相当賃料に対する主張、立証をし、争点整理を進め、争点が確定した後に、裁判所の鑑定がなされるのが通常です。

　すなわち、裁判所鑑定人による鑑定が実施される前に、双方による当事者鑑定の結果が証拠提出されて、各鑑定に対する反論や再反論が繰り広げられます。不動産鑑定士には、自らの鑑定書に対する意見の反論のみならず、相手方の鑑定書に対する意見ももらいながら、訴訟対応を行うことになります。

　そして、裁判所鑑定人は、後から当事者より不足する点を指摘されないよう、双方の当事者鑑定や、これに対する反論、再反論等を十分に読み込んだ上で、鑑定を行うのが通常です。

　そうすると、自らが依頼した不動産鑑定士による鑑定評価書の精度や説得力が高く、相手方からの反論に十分に再反論できており、また、相手方が依頼した不動産鑑定士による鑑定評価書に対する十分な反論ができていれば、裁判所鑑定人もこれを無視して鑑定することはできなくなります。

　説得力のある当事者鑑定は、裁判所鑑定に事実上の影響を与えることができるのです。

　これに対し、相手方のみが不動産鑑定を行っている場合、不動産鑑定士の助力を得て、この鑑定書に反論することができず、また、裁判所鑑定も、相手方の不動産鑑定士による鑑定の影響を受ける可能性があります。

③ 裁判所鑑定の不合理な点に対して専門的見地から反論する意味

　裁判所鑑定は、双方当事者の主張・立証を踏まえて専門的見地から、公平・中立な立場でなされるものですので、相応の信用性を有するものです

が、万能ではありません。いくつかの誤りがある場合があります。例えば、差額配分法及びスライド法について全く言及することなく適正賃料額を算定したもの（東京地判平成5年6月3日判タ861号248頁）や、適切ではない継続利回りを前提に利回り法の試算賃料を算定したもの（大阪高判平成20年4月30日判タ1287号234頁）があります（後記 **Q52**、**Q53** を参照）。

　上記 **(2)** の裁判例でも、①鑑定評価の基礎とされた資料の内容に重大な誤りがあるか否か、②鑑定評価の手法及び過程が、国土交通省の定めた不動産鑑定評価基準及び不動産鑑定評価基準運用上の留意事項の定めに適合しているか否かを中心に検討すべきであるとしています。

　そして、これらの合理性の検討に当たっては、専門家である不動産鑑定士の助力が必要となります。

　賃料増減額訴訟では、裁判所鑑定が、裁判の結果を大きく左右します。

　この点、賃料差額が小さい案件では、コスト削減のために経済合理性の観点から、できる限りの主張をした上で、裁判所鑑定に結果を委ねてしまうということも考えられるかもしれません。

　しかしながら、賃料差額が大きく、相応の鑑定費用をかけても、良い結果が得られれば経済的合理性を維持することができたり、悪い結果になると経営に大きな打撃が生じたりする事案であれば、裁判所鑑定に対して、事前に事実上の影響力を与えて、かつ、事後に鑑定結果の合理性を検証するために、当事者鑑定を取得して、不動産鑑定士の助力を得ながら訴訟活動を行うことが必要不可欠であると考えます。そして、代理人弁護士としては、能力の高い不動産鑑定士に鑑定を依頼し、その鑑定士の考えを（可能であれば議論したり、修正意見を出しながら）正確に理解し、その結果を準備書面等で分かりやすく表現する能力を磨く必要があります。

4 賃料増減額確定後の処理

Q44

　賃料増減額が確定した場合、従前支払われた賃料との差額精算が必要であると聞きました。借地借家法 32 条 1 項に定める年 1 割の法定利息の計算方法を含めて、差額精算の具体的な方法について教えてください。

(1)　賃料増額が確定した場合

　賃貸人が賃借人に対して賃料増額を請求し、当事者間で協議が調わないときは、賃借人は、増額を正当とする裁判が確定するまでは、自身が相当と認める額（主観的に相当と考える額）を支払い続ければ債務不履行とはみなされません（借地借家法 32 条 2 項本文）。ただし、現行賃料を下回る額を支払うことはできません（東京地判平成 22 年 8 月 31 日ウエストロー）。通常は、現行賃料額を支払い続けることになるでしょう（詳しくは **Q13** 参照）。

　一方、賃料増額の裁判が確定した場合には、賃借人は、それまでに支払ってきた賃料額と、裁判で確定された相当賃料額との差額に年 1 割の利息を付けて賃貸人に支払わなければなりません（借地借家法 32 条 2 項ただし書）。年 1 割の利息というと一般の法定利息よりも高額ですが、賃借人が裁判確定後に差額賃料の支払を不当に遅延させないようにするためとされ

ています。

　差額精算と利息の支払義務が発生する「裁判が確定した場合」とは、賃料増減額を確認する判決や、増額後の賃料支払を命ずる給付判決を指しますが、賃料増額が裁判上の和解で確認されそれが調書に記載された場合（東京高判昭和54年5月22日判時934号55頁）や、調停において賃料増額の調停が成立しそれが調書に記載された場合も含まれるとされています。ただし、通常は和解条項や調停条項の中で差額分の精算についても取り決めるのが一般的ですので、実際に精算が問題となるのは判決の場合が大半と考えられます。

　なお、賃料増額が確定した後の賃貸人の賃借人に対する差額賃料の支払請求権は、弁済期の定めのない債権となりますので[1]、債権者である賃貸人の請求により弁済期が到来し（民法412条3項）、以後、債務者である賃借人の債務不履行を構成することになります。ただし、実際に賃料増額訴訟を提起するときは、賃料増額の確認請求のみならず、差額賃料の給付請求も併せて行うのが通常ですので（**Q40** 参照）、その場合には判決確定日の翌日に弁済期が到来し、以後、賃借人は債務不履行責任を負うことになります。したがって、借地借家法32条2項ただし書に定める年1割の利息請求は、弁済期の到来前であれば法定利息として、弁済期の到来後は遅延損害金（民法419条）として請求されることになります。また、差額賃料の支払遅滞が続けば賃借人は契約を解除されるおそれがあります。

　なお、賃料増額が確定した場合の敷金の追加預託については、**Q41** を参照してください。

---

(1) 香川保一＝井口牧郎『借地法等改正関係法規の解説（改訂版）』183頁（法曹会、1974）、中川善之助＝兼子一監『不動産法体系Ⅲ借地・借家（改訂版）』271頁（渋川満「相当地代と増減額請求」）（青林書院新社、1975）。

（2）　賃料減額が確定した場合

　賃借人が賃貸人に対して賃料減額を請求し、当事者間で協議が調わないときは、賃貸人は、減額を正当とする裁判が確定するまでは、自身が相当と認める賃料額の支払を請求することができ、賃借人は暫定的にせよこれを支払い続けなければなりません（借地借家法 32 条 3 項本文）。ここで「自身が相当と認める賃料」とは、社会通念上著しく合理性を欠くことのない限り、賃貸人において主観的に判断することができますが（東京地判平成 20 年 5 月 29 日ウエストロー）、特段の事情のない限り従前賃料と同額と推定されるとする裁判例（東京地判平成 10 年 5 月 29 日判タ 997 号 221 頁）もあります。

　しかし、事後の裁判で賃料減額が確定したときは、賃貸人は、超過して受領した額に年 1 割の法定利息を付してこれを賃借人に返還しなければなりません（借地借家法 32 条 3 項ただし書）。賃借人によるかかる超過分の支払請求は、基本的には上記 **(1)** の賃貸人による差額請求の裏返しになりますが、その法的性質は不当利得返還請求権となります。

（3）　利息の計算方法

　賃料増減額請求は、調停前置主義が採られており、訴訟になっても第一審判決で確定せずに控訴審、上告審まで行くことも少なくなく、最終的に裁判が確定するまで長期に及ぶことも珍しくありません。特に賃貸人の立場では、安易にテナントからの賃料減額を受け容れると、その後も同様の減額請求が繰り返されてしまうおそれがある上、とりわけ複数の物件を運用している事業者であれば、特定のテナントとの関係で安易に賃料減額を受け容れることは、それを察知した他のテナントからの減額請求をも招きかねません。こうしたことから、たとえ見込みが乏しい場合であっても賃貸人の姿勢として争える限り争うという方針が採られることも多く、最終的

に賃料減額が確定するまでに数年単位の期間を要する場合も少なくありません。そのため、裁判確定後の法定利息の計算も複雑になる場合があります。

利息の計算期間が1年を超える場合、まず年単位で計算できる部分を計算し、年単位に満たない部分を日割計算し、これらを合計します[2]。なお、年に満たない部分が閏年に該当する場合は、閏年の部分は年366日として計算します。また、1円未満の端数が生じた場合は、「通貨の単位及び貨幣の発行等に関する法律」3条1項の規定により、50銭未満の端数があるときは切り捨て、50銭以上1円未満の端数があるときは切り上げて1円とします[3]。例えば、差額10万円に対する令和4年1月23日から令和6年3月8日まで年1割の割合による利息を計算する場合、下記のようになります。

---

①令和4年1月23日〜令和6年1月22日

　10万円×0.1×2年＝2万円

②令和6年1月23日〜令和6年3月8日

　10万円×0.1×46日／366日＝1,257円

①＋②＝2万1,257円

---

(2) 東京地裁債権執行等手続研究会編「債権執行の諸問題35-36頁」（判例タイムズ社、1994）。

(3) 裁判所では、債権執行等の遅延損害金の計算において、切り捨て処理で運用をしている例もあります。切捨て処理は、相手方に有利な計算方法であって相手方から反論されるおそれもないことや、その差も微々たるものですので、債権執行等の裁判所の運用に倣って、切捨て処理で計算する方法も考えられます。裁判所のウェブサイトにある「利息・損害金の計算について」と題する記事（https://www.courts.go.jp/tokyo/vc-files/tokyo/file/suk_risokukeisan_207.pdf）を参照してください。

ただし、これは一月分ですので、経過月数分これを計算することになります（表計算ソフトで計算式を作っておくと便利です）。

2 年1割の利息が請求できるか争いがある場合 （賃料増額請求の場合）

Q45

当社は、商業ビルの一区画を賃借して飲食店を営んでいます。先般、賃貸人から賃料増額請求を受け、当社としても多少の増額はやむを得ないと考えて、従前賃料を多少上乗せして支払っていました。ところが、その後の裁判で賃貸人の賃料増額請求は認められない旨の判決が示されました。

当社は賃貸人に対し、これまで払い過ぎていた従前賃料を超える分について、年1割の利息を付して賃貸人に返還を求めることができますか。

賃貸人が賃借人に対して賃料増額請求を行い、賃借人が、自身が相当と認める額として従前賃料を上回る賃料を支払っていたものの、その後の裁判で確定した相当賃料額がこれを下回った場合、賃借人は、賃貸人に対し、払い過ぎた賃料額に年1割の利息を付して支払を求めることができるでしょうか。

この点、かかる賃借人の請求は不当利得返還請求権として構成するほかなく、文理上も借地借家法32条2項の文言には当てはまりません。そのため、この場合は同項に定める年1割の利息請求までは認められないとされています（東京高判平成24年11月28日判タ1387号219頁）。

なお、かかる賃借人の請求を不当利得返還請求権として構成する場合、賃貸人が悪意の受益者と評価できれば、賃貸人は受領した金額に民事法定利率の利息を付してこれを返還しなければなりませんが、賃貸人が悪意の

受益者といえるかについては疑問が呈されています[4]。

Q46

　当社は、保有する商業ビルの一区画を飲食店に賃貸しています。先般、賃借人から賃料減額請求を受け、以後、賃借人は、当社がいくら請求しても従前賃料を下回る賃料しか支払に応じていませんでした。今般、賃借人による賃料減額請求を認めない裁判が確定しましたが、当社は、賃借人に対して、不足する賃料に年1割の利息を付して支払を求めることができますか。

(1)　賃借人が賃料減額請求後に従前賃料を下回る賃料を支払っていた場合

　賃借人が賃貸人に対して賃料減額請求を行い、従前賃料を下回る賃料を支払っていた場合に、事後の裁判で賃借人の主張する賃料減額が認められなかったとき、賃貸人は、賃借人に対して不足する賃料に加えて年1割の利息を請求できるでしょうか。

　この点について東京高判平成10年1月20日判タ989号114頁は、そのような場合は純然たる賃料不払の問題であって、借地借家法32条が想定している差額精算を要する場合には当てはまらないとして、民事法定利率の限度でしか賃貸人の請求を認めませんでした。

(2)　賃借人が賃料減額請求後に賃貸人の意に反して従前賃料を支払っていた場合

　なお、賃借人が賃貸人に対して賃料減額請求を行い、賃貸人も一定程度

の減額はやむを得ないと考えて「自身が相当と認める賃料額」として従前の賃料よりも低い賃料額を請求し、それ以上は請求しないと伝えていたものの、賃借人があえて従前賃料を支払っていた場合、事後の裁判で賃借人の主張する賃料減額が認められたときは、賃貸人は賃借人に対して差額に年1割の利息を付して返還しなければならないのでしょうか。

　この点について東京地判平成19年4月3日ウエストローは、借地の事案ではありますが、確定した裁判を前提とした賃料過払分のうち、賃借人が賃貸人の請求していた賃料を超えてあえて支払っていた部分については、借地借家法11条3項ただし書の適用は排除され、賃貸人は当該部分については利息を付して返還する必要はないと説示しています。

4　年1割の利息が請求できるか争いがある場合 （賃料増減額請求が入り乱れる場合）

Q47

　当社は、商業ビルの一区画を賃借して飲食店を営んでいます。当社は、令和元年に賃貸人に対して賃料を月額50万円から30万円に減額する請求を行い、令和3年に賃料減額を認める判決が確定しました。ところが、賃貸人は、この裁判がまだ続いている最中の令和2年に、当社に対して賃料を月額70万円に増額する請求を行い、現在、別の裁判が行われています。当社が確定した判決に基づき賃貸人に対して差額賃料月額20万円と年1割の利息を請求したところ、賃貸人は、令和2年以降の賃料についてはまだ賃料増額を求める裁判が続いており賃料が確定していないから、支払には応じないと言っています。このような賃貸人の主張は認められるでしょうか。

　賃料増減額請求は、あくまで「直近合意時点」以降の一時点（基準時点）における相当賃料との乖離を問題にするものですので、一方当事者が他方当事者に賃料増減額請求を行った後に、他方当事者がその後の一時点における相当賃料との乖離を理由に賃料増減額請求を行うことはあり得ます。また、賃料増減額を確認する裁判の既判力は、あくまで「賃料増減請求の効果が生じた時点の賃料額に係る判断」にしか生じないため（最判平成26年9月25日民集68巻7号661頁）、設問の事例でも、令和元年以降の賃料減額請求を認める裁判が令和3年に確定したからといって、賃貸人が令和2年以降の賃料増額を求めて起こした裁判が不適法となるわけではありません（なお、Q12 も参照）。

この場合に、賃貸人は、令和2年以降の賃料については後続する裁判が続いているからといって、借地借家法32条に基づく差額精算や年1割の利息の支払を拒むことができるでしょうか。

　この点について、東京地判平成20年10月9日ウエストローは、設問と同様の事例において、「もし、被告が主張するように賃料増額請求訴訟において増額を正当とする裁判が確定するまで本件建物の賃料額が確定せず、精算ができないとすれば、過不足の精算関係は複雑となるが、さらにその裁判が確定する前に原告が賃料減額請求をした上で同請求訴訟を提起するような場合を想定すると、一層精算関係が複雑化するおそれがある。しかし、借地借家法32条は、そのように精算関係が複雑になることを予定しているとは考えられず、賃料増額請求訴訟や賃料減額請求訴訟において、増額あるいは減額を正当とする裁判が確定したときは、精算関係を簡明にするため、借地借家法32条2項ただし書又は同条3項ただし書に基づき、その裁判が確定する都度、正当とされた賃料に基づき精算することを予定しているものと解するのが相当である」と説示して、賃貸人は先行して確定した賃料減額を認める裁判に基づき差額精算と年1割の利息の支払を行う義務があるとしています。

第 **3** 章

不動産鑑定評価書の基礎

1 不動産鑑定評価書の基礎

Q48

　不動産鑑定士による不動産の鑑定評価は、どのような基準に基づいて行われるのか教えてください。

（1）　賃料増減額請求における不動産鑑定評価の役割

　賃料増減額請求の裁判では、当事者がそれぞれ不動産鑑定士から取得した不動産鑑定評価書（私的鑑定、当事者鑑定）に基づき相当賃料を主張し合い、また、裁判所は、鑑定人として不動産鑑定士を選任して相当賃料の鑑定を行わせます（裁判所鑑定）。不動産の鑑定評価は不動産鑑定士の独占業務とされており、不動産鑑定士以外の者が業としてこれを行うことは禁止されています（不動産の鑑定評価に関する法律 2 条、同 3 条、同 36 条）。最終的に裁判所が示す判決では、基本的に裁判所の選任した鑑定人による不動産鑑定評価が高い信用性を有することを前提に、各当事者が提出した私的鑑定の妥当性についても吟味・検証し、必要に応じて鑑定人による不動産鑑定評価に反映したり、調整したりするという思考過程が取られます。（以上、**Q43** 参照）

　そのため、賃料増減額請求の裁判を進めるに当たっては、当事者の選任した不動産鑑定士や裁判所の選任した鑑定人が提出する不動産鑑定評価書の分析・検討は避けて通れず、不動産鑑定評価がどのように行われるかに

ついて、その基本的考え方を理解しておくことが大変有用となります。

(2)　不動産鑑定評価基準

　不動産鑑定士が不動産の鑑定評価を行うに当たって依拠すべき基準を定めた法令は存在しませんが、国土交通省は、不動産鑑定士が不動産の鑑定評価を行うに当たっての基準を定めており、これを不動産鑑定評価基準といいます。不動産鑑定評価基準は、平成14年7月3日に全部改正された後、数次の一部改正を経て、平成26年8月28日に一部改正されたものが最新のものとなっています。

　不動産鑑定評価基準は、法令に直接の根拠を持つものではありませんが、不動産鑑定の標準的な理論や手法を整理した基準として、実質的に不動産鑑定士が鑑定評価を行う際の指針とされています。裁判所が相当賃料を判断するに当たっても、この不動産鑑定評価基準に定める各種考え方を前提に評価することが多く、また、不動産鑑定評価基準の方でも鑑定手法に影響を与えるような裁判所の判断や傾向を取り入れていくという相互補完的な関係性にあるということができます（ただし、非常に特異なケースでは、不動産鑑定評価基準による鑑定を利用できないとされるケースもあります。例えば、横浜地判平成19年3月30日金商1273号44頁は、純粋な賃貸借契約ではなく百貨店の共同事業的側面が付加された契約であること、賃料の計算方法について売上高を基準に複雑な取り決めをしており、公租公課や近隣の同種賃料との関連性が薄弱であることを理由に、通常の賃料増減額請求の事案と同じように不動産鑑定評価基準に従った賃料鑑定によって相当な賃料額を算定するのは適切でないとされています）。

　なお、国土交通省は、かかる不動産鑑定評価基準を運用する上での留意事項を整理したものとして「不動産鑑定評価基準運用上の留意事項」を公表しており、この留意事項を含めて「不動産鑑定評価基準」と呼称される

場合もあります。

(3)　不動産鑑定評価基準に関する実務指針

　公益社団法人日本不動産鑑定士協会連合会は、不動産鑑定評価基準を実務上補完するものとして、各種「実務指針」を策定・公表しています。

　特に、現行の不動産鑑定評価基準とほぼ同時に公表された「不動産鑑定評価基準に関する実務指針—平成26年不動産鑑定評価基準改正部分について—」（以下「実務指針」といいます）は、実務上は不動産鑑定評価基準の解釈・適用に関わるものとして、参照することが非常に多い指針となります。例えば、実務指針では、継続賃料を評価する場合の「直近合意時点」の捉え方について、裁判所の判断の動向を踏まえて不適切とされている例が紹介されています（**Q6** 参照）。

(4)　価格等調査ガイドライン

　ところで、不動産の鑑定評価に関する法律3条は、不動産鑑定士の業務として「不動産の鑑定評価」を挙げていますが、不動産鑑定士の業務はかかる不動産の鑑定評価にとどまるものではありません。同条2項は、かかる不動産の鑑定評価のほか、「不動産鑑定士の名称を用いて、不動産の客観的価値に作用する諸要因に関して調査若しくは分析を行い、又は不動産の利用、取引若しくは投資に関する相談に応じることを業とすることができる」と定めています。これを「隣接・周辺業務」といいます。

　同法3条1項に定める不動産の鑑定評価は不動産鑑定士の独占業務とされていますが、同条2項に定める隣接・周辺業務は、「〜ことができる」とあるように不動産鑑定士以外でもこれを業として行うことができます。

　国土交通省は、不動産鑑定士が不動産の鑑定評価又は隣接・周辺業務を行う際の成果報告書の記載事項等について定めた「価格等調査ガイドライ

ン」を策定・公表しています。不動産の鑑定評価の成果物は「不動産鑑定評価書」として、隣接・周辺業務の成果物は「不動産調査報告書」などとして作成・提出されます。

Q49

不動産鑑定評価書中に「正常実質賃料」とか「実際実質賃料」、「比準賃料」、「試算賃料」といった様々な賃料が出てきてよく分かりません。

(1) 「新規賃料」と「継続賃料」

不動産鑑定評価基準で評価対象とされている賃料は、大きく「新規賃料」と「継続賃料」に分けられます。

このうち新規賃料とは、新たに締結する賃貸借契約において成立するであろう賃料をいい、一般的な賃料相場に即した「正常賃料」と、限定的な市場においてのみ成立する「限定賃料」とに分けられます（総論第5章・第3節・Ⅱ・1、同2）。

一方、継続賃料とは、継続中の賃貸借契約における特定の当事者間において成立するであろう適正な賃料額をいいます（総論第5章・第3節・Ⅱ・3）。継続賃料は、現行賃料を前提として、契約当事者間で現行賃料を合意しそれを適用した時点（直近合意時点）以降において、公租公課、土地及び建物価格、近隣地域若しくは同一需給圏内の類似地域等における賃料又は同一需給圏内の代替競争不動産の賃料の変動等のほか、賃貸借等の契約の経緯、賃料改定の経緯及び契約内容を総合的に勘案し、契約当事者間の公平に留意の上決定することとされています（総論第7章・第2節・Ⅰ・4）。

不動産鑑定評価基準では、新規賃料（正常賃料）の評価手法としては積算法、賃貸事例比較法、収益分析法等があり、継続賃料の評価手法として

は差額配分法、利回り法、スライド法、賃貸事例比較法等があるとされています（総論第7章・第2節）。なお、このうち賃貸事例比較法に基づき試算される賃料を「比準賃料」ともいいます。

賃料増減額請求における鑑定では、最終的には以上のうち継続賃料を評価することになりますが、当該評価の中で新規賃料（正常賃料）の評価が必要となる手順があります。そのため、新規賃料の評価手法についても把握しておくことが必要となります。

(2) 「支払賃料」と「実質賃料」

賃料を構成する要素で区別した場合、「支払賃料」と「実質賃料」に分けられます。

このうち支払賃料とは、文字どおり毎月支払われる賃料をいい、「純賃料」とも呼ばれます。

これに対し、実質賃料とは、かかる支払賃料（純賃料）を含む賃貸人に支払われる全ての経済的対価をいい、諸経費のほか、権利金や敷金、保証金等の一時金の授受がある場合には当該一時金の運用益や償却額等も実質賃料を構成します。不動産鑑定評価基準では、賃料の評価を行う場合は実質賃料を求めることを原則とし、ただし賃料の算定の期間及び支払いの時期に係る条件並びに権利金、敷金、保証金等の一時金の授受に関する条件が付されて支払賃料を求めることを依頼された場合には、実質賃料とともにその一部である支払賃料を求めることができるとされています（総論第7章・第2節・Ⅰ）。

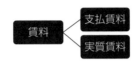

　不動産鑑定評価基準では、「正常実質賃料」や、「実際実質賃料」といった用語が出てきますが、ここまででその意味は大体お分かりいただけたと思います。すなわち、正常実質賃料とは、新たに締結する賃貸借契約において成立するであろう一般的な相場に即した実質賃料をいい、実際実質賃料とは、実際に支払われている実質賃料をいうことになります。

　この点、東京高判令和元年12月19日ウエストローは、実際実質賃料の試算に当たり、価格時点において保証金運用益がないことは、これを補うために支払賃料を増額させる方向に働く加算要素とするのが原則的な取扱いであるが、当事者が保証金の分割返済と賃料の将来にわたる自動減額を連動させて合意し、保証金運用益の減少による実質賃料の減少を支払賃料額増加に結び付けない意思が明らかである等特段の事情がある場合には、賃料増減額の判断において保証金運用益を考慮しないことも是認されるとしています。

　一方、賃料増減額請求において最終的に求められる「賃料」とは、あくまで約定の支払期に現実に支払われる支払賃料を意味し、一時金の運用益等を含む実質賃料ではないとされているため[1]、裁判手続において不動産鑑定評価書に基づき相当賃料を主張する場合には注意が必要です。

---

(1) 廣谷章雄『借地借家訴訟の実務』250頁（新日本法規、2011）

3 継続賃料の鑑定評価方法

Q50

不動産鑑定士による継続賃料の鑑定評価は、どのような基準に基づいて行われるのか教えてください。

　不動産鑑定評価基準では、継続賃料の評価手法としては、差額配分法、利回り法、スライド法、賃貸事例比較法等があるとされています（総論第7章・第2節）。

　もっとも、これらのどれかを1つ選択するというのではなく、不動産鑑定評価基準では、差額配分法による賃料、利回り法による賃料、スライド法による賃料及び比準賃料を「関連付けて」決定するものとされています（各論第2章・第2節・Ⅱ、同第1節・Ⅱ・2）。具体的には、各手法に基づき賃料を試算した上で（これを「試算賃料」といいます）、対象物件の特性その他の個別事情を考慮して各手法の正確性、優先度を吟味して重み付けを行い、最終的に「鑑定評価額」を算出することになります。

　裁判所が賃料増減額請求における相当賃料を定めるに当たっても、不動産鑑定評価基準に定める上記手法に基づき試算賃料を算出し、それぞれの評価手法の善し悪しを比較検討した上で重み付けを行い、総合的に判断するいわゆる「総合方式」が採られています。

　例えば、年額の試算賃料について差額配分法で1,700万円、利回り法で700万円、スライド法で1,300万円、賃貸事例比較法で1,200万円という結果が得られたとして、各手法について5：1：3：1の割合で関連付けた場合、$(1,700 \times 5 + 700 \times 1 + 1,300 \times 3 + 1,200 \times 1) \div 10 = 1,430$万円という鑑定評価額が得られることになります。

なお、非常に特殊な物件で比較可能な物件がなかなか見当たらない場合に、安易に賃貸事例比較法に基づく試算賃料の計算を行わない不動産鑑定評価書をときどき見かけます。しかし、不動産鑑定評価基準上は、「複数の鑑定評価の手法の適用が困難な場合においても、その考え方をできるだけ参酌するように努めるべきである」（総論第8章・第7節）とされていることに注意が必要です。

(1) 「適正賃料」と「相当賃料」

　賃料増減額請求は、建物の賃料が土地若しくは建物に対する租税その他の負担の増減により、土地若しくは建物の価格の上昇若しくは低下その他の経済事情の変動により、又は近傍同種の建物の賃料に比較して「不相当」となったときに、これを行使することができます（借地借家法32条1項）。裁判実務上は、同条に定める各要素をも考慮した本来あるべき賃料額を「相当賃料」と呼んでいます。そして、かかる「相当賃料」を評価するに際しては、借地借家法32条1項所定の諸事情（租税等の負担の増減、土地建物価格の変動その他の経済事情の変動、近傍同種の建物の賃料相場）のほか、賃貸借契約の当事者が賃料額決定の要素とした事情その他諸般の事情を総合的に考慮して判断することとされています（最判平成15年10月21日民集57巻9号1213頁）。

　一方、不動産鑑定評価基準では、鑑定評価の対象となる継続賃料とは「経済価値を適正に表示する賃料」（適正賃料）であるとされていますが（総論第5章・第3節・Ⅱ）、「相当賃料」の用語は出てきません。そうすると、賃料増減額請求事件において裁判所が判断する「相当賃料」と、不動産鑑定士が評価する「適正賃料」とは、概念的に異なるのかという疑問が

生じます。

　この点、もともと不動産鑑定士の職責はあくまで通常のマーケットから認められる客観的・一般的賃料の評価であって、例えば契約当事者間の個人的関係性や契約締結時の特殊事情といった個別事情（ Q3 ～ Q5 ）の評価は裁判所の専権事項であり、それについて裁判所と同等の評価を不動産鑑定士に求めるのは無理があるといった指摘もありました。また、下級審裁判例の中にも、例えば東京地判平成17年3月25日判タ1219号346頁は、「不動産鑑定士による賃料鑑定は、そもそも、不動産の経済的価値等の客観的事実から算出される通常の賃料価格を求めるものであって、当該賃貸借契約締結の際の具体的な事情、賃料額の推移、当事者間の了解事項等の個別具体的な事情を主たる要素として算定するものではない。他方、賃貸借契約は、それぞれ、当該賃貸借契約締結の際の具体的な事情、賃料額の推移、契約上の経過期間と残存期間、当事者間の了解事項等諸々の個別具体的な事情を有しており、継続賃料の額は、これらの事情を前提とした上で、当該契約当事者が協議して定めるべきものである。裁判所は、上記のような契約当事者間の協議が調わない場合に、その協議に代わって、当該賃料額を定めるものであるから、その額の決定については、上記個別具体的な事情を考慮した上で当事者間の衡平が図られるよう配慮しなければならないことはいうまでもないところである。そうすると、裁判所は、賃料減額請求に基づき継続賃料を定める場合、客観的経済的な価格となる鑑定の結果を基礎とし、さらに、当該賃貸借契約の個別具体的な事情を考慮した上、当事者の衡平を図る観点から具体的な賃料額を定めるべきものということができる」として、両者が異なることを明確に説示しているものもありました。

(2) 「適正賃料」＝「相当賃料」

もっとも、平成 26 年 8 月 28 日に一部改正された不動産鑑定評価基準では、前記の最判平成 15 年の判例も踏まえ、「継続賃料の鑑定評価額は、現行賃料を前提として、契約当事者間で現行賃料を合意しそれを適用した時点（以下「直近合意時点」という）以降において、公租公課、土地及び建物価格、近隣地域若しくは同一需給圏内の類似地域等における賃料又は同一需給圏内の代替競争不動産の賃料の変動等のほか、賃貸借等の契約の経緯、賃料改定の経緯及び契約内容を総合的に勘案し、契約当事者間の公平に留意の上決定するものである」と規定しています（総論第 7 章・第 2 節・Ⅰ・4）。

したがって、不動産鑑定士が求める「適正賃料」は、観念的には直近合意時点から価格時点までの客観的経済的事情変更以外に、契約締結の経緯、契約内容等の諸般の事情をも考慮した「相当賃料」と同義であると整理することができます。

もっとも、実際問題でいえば、不動産マーケットの状況や対象物件の市場特性などの客観的経済的事情の評価については、まさに不動産鑑定士はその道のプロであり、裁判所としても基本的には不動産鑑定士の判断を尊重するでしょう。一方、契約当事者間の関係性や契約締結の経緯といった個別事情や特殊事情の評価は、不動産鑑定士によって考慮の有無や程度もまちまちであり、最終的には裁判所による積極的な介入・判断が求められているといえそうです。実務上は、個別事情あるいは特殊な事情があっても不動産鑑定士が保守的に見てあまり考慮せず、裁判所もそうした不動産鑑定士の鑑定結果をそのまま採用するケースもままありますが、当事者としては、まさにそうした個別事情・特殊事情の適切な考慮をすることこそ裁判所に求められている役割であることを強調し、適切な判断が得られるよう訴訟活動を行っていくべきでしょう。

2 継続賃料の鑑定評価手法

　継続賃料の鑑定評価手法の基本的な考え方については、$\boxed{\text{Q50}}$ に記載したとおりですが、本項目では、差額配分法、利回り法、スライド法及び賃貸事例比較法の4手法について、専門家である不動産鑑定士と協議する上で、知っておいた方がよい事項を中心に説明します。各手法の長所・短所は、試算賃料のウェイト付けに影響を与えるものですので、理解しておくとよいでしょう。

1 差額配分法

$\boxed{\text{Q52}}$
　差額配分法というのは、どのような鑑定手法ですか。他の手法と比較して長所、短所があれば教えてください。また、裁判上、この鑑定手法による裁判所鑑定の結果について、誤りがあると指摘された例があれば、教えてください。

（1）　差額配分法の内容

　不動産鑑定評価基準によれば、差額配分法とは、対象不動産の経済価値に即応した適正な実質賃料又は支払賃料と実際実質賃料又は実際支払賃料との間に発生している差額について、契約の内容、契約締結の経緯等を総合的に勘案して、当該差額のうち賃貸人等に帰属する部分を適切に判定して得た額を実際実質賃料又は実際支払賃料に加減して試算賃料を求める手

法であるとされています。

すなわち、新規賃料と約定（従前）賃料との差額を算出し、これを賃貸人と賃借人とで一定割合で割り振って適正賃料（試算賃料）を求める手法です。この割合については2分の1とされることが多く、2分の1法（折半法）などといわれています。もっとも、当該割合は、契約の内容、契約締結の経緯等を総合的に勘案して決せられることから、例えば、資本的な繋がりによる恩恵的な賃貸借がなされていた場合等においては、賃料の急激な増加を抑制するために、賃借人の負担割合が3分の1とされることなどがあります（2分の1法よりも3分の1法の方が賃料の変動がより緩やかになるため、賃料増額の事件では賃借人に有利に、賃料減額の事件では賃貸人に有利に働きます）。

特段の事情がある場合にはそれ以外の配分がされる場合もあります。例えば東京地判平成21年7月9日ウエストローは、合意賃料が周辺相場に比して著しく低廉になっており、近隣の病院が院外処方箋の全面発行を開始して賃借人が相当数の処方箋を受けることが可能となった場合には増額する旨の特約があったことを理由に賃貸人に3分の2を配分した裁判所鑑定が妥当とされています。

(2)　差額配分法の長所・短所

差額配分法の長所・短所として、一般に次のような点が指摘されています。

①　長所

○　賃貸借等に供されている不動産の用益の増減分を反映する点で説得力がある（実務指針245頁、 **Q48** の **(3)** 参照（以下同じ））。

○　賃料差額が生じた原因を分析し、衡平の観点から、賃貸借当事者双方にその賃料差額を配分することができる[1]。

○　差額配分法による試算賃料は、土地、建物の価値を十分反映し、現賃料の水準も加味して試算され、更に従前賃料との乖離による不均衡是正の意味合いを有しており、当事者が賃料改定を通じて賃料差額の縮小に努めるという観点から妥当性を有する（東京地判平成 29 年 12 月 7 日ウエストローの裁判所鑑定における指摘）。

○　差額配分法は、正常実質賃料と実際実質賃料との間に発生している差額を契約締結の経緯等を考慮して調整を行うことで、継続賃料の個別性を尊重しつつ不動産の有する市場性及び経済性を反映し、正常実質賃料と実際実質賃料との乖離による不均衡を是正するものであるから、継続賃料算定の基本理念に適合した手法である（東京地判平成 29 年 7 月 24 日ウエストロー）。

○　賃料の原価性、収益性、市場性を踏まえており、経済合理性を有する（甲府地判平成 24 年 10 月 16 日ウエストローの裁判所鑑定における指摘）。

○　差額配分法は、適正賃料を評価すべき時点における正常実質賃料と実際実質賃料との間に発生している差額を契約締結の経緯等を考慮して調整を行うものであり、賃貸借の当事者が賃料改定を通じて相互に賃料格差の縮小に努める傾向があるという観点から妥当性を有するものである（東京地判平成 23 年 6 月 21 日ウエストロー）。

②　**短所**

○　賃貸人等に帰属する部分の判定基準が明確でないことに起因して、評価におけるその判定根拠がブラックボックス化しやすい（実務指針 245 頁）。

○　比較的短期間に大きな経済変動などがあった場合には、過度にその

---

(1) 中島俊輔『不動産鑑定と訴訟実務』222 頁（日本加除出版、2021）

影響を受けることがある[2]。

○　賃借人にとって地価高騰による効用の増大が期待できないような場合、規範性が劣る[3]。

○　賃料の遅行性、粘着性に引きずられる側面をもあわせ持つ（甲府地判平成 24 年 10 月 16 日ウエストローの裁判所鑑定における指摘）。

(3)　裁判例

　賃料増減額に係る多くの裁判例は、裁判所鑑定を尊重し、これに依拠して判断していますが、差額配分法について、裁判所鑑定の誤りを指摘したものとして、以下の裁判例があります。なお、裁判所鑑定が 2 つなされた事案で、一方の裁判所鑑定について、差額配分法及びスライド法について全く言及することなく適正賃料額を算定したとして、判断の基礎から排斥し、もう一方の裁判所鑑定と当事者鑑定の平均値を採用したものとして、東京地判平成 5 年 6 月 3 日判タ 861 号 248 項があります。

○　東京地判平成元年 11 月 10 日ウエストローは、差額配分方式の基礎となる新規賃料を算出するに当たって、賃貸条件を近隣における賃貸事例から判定するという手法を採っていることには、問題がないとはいえないとして、裁判所鑑定に依拠することなく、独自に相当賃料を認定しました。

○　名古屋地判平成 2 年 7 月 13 日ウエストローは、本件鑑定結果にある差額配分法試算賃料及び平均利回り法試算賃料は、著しく高騰している本件敷地の価格を中心的な基礎に置いて算出されているのであるが、本件建物の状況や被告の利用態様・生活状況等に照らすと、被告にとっては

---

(2)　東京弁護士会法曹同志会編『借地・借家事件の実務』166 頁〔高久尚彦〕（ぎょうせい、2021）

(3)　中島俊輔『不動産鑑定と訴訟実務』251 頁（日本加除出版、2021）

右の地価高騰による効用の増大は全くといってよい程期待できないもの
であり、このことに、本件賃貸借はさほど長期にわたって継続するもの
とは予測しがたいこと、前記スライド法においても地価の変動率を3割
の比重で考慮することによって貸主の経済的立場・利害も斟酌している
こと及び地価高騰に対する前記のような現今の公的対応等の事情をあわ
せ考えると、本件の場合、適正賃料額の算定に当たって、右差額配分法
資産賃料額及び平均利回り法資産賃料額を加味することは相当でないと
いうべきであるとして、差額配分法と利回り法を加味することなく、ス
ライド法をもとに相当賃料を認定しました。

② 利回り法

Q53

利回り法というのは、どのような鑑定手法ですか。他の手法と比較して長所、短所があれば教えてください。また、裁判上、この鑑定手法による裁判所鑑定の結果について、誤りがあると指摘された例があれば、教えてください。

(1) 利回り法の内容

不動産鑑定評価基準によれば、利回り法は、基礎価格に継続賃料利回りを乗じて得た額に必要諸経費等を加算して試算賃料を求める手法であるとされています。

利回り法は、現行賃料を定めた時点における賃貸人の投下資本に対するリターンを保持しつつ、価格時点における賃貸経営に要する費用を積み上げることにより、継続賃料を求める方法であるため、地価が安定している場合には適正賃料を試算しやすく、賃貸人側からのアプローチによる賃料といわれることがあります[4]。

(2) 利回り法の長所・短所

利回り法の長所・短所として、一般に次のような点が指摘されています。ケースバイケースではありますが、裁判例上、他の方法と比較して、ウェイトを軽く見られる傾向が多いように見受けられます。

---

[4] 一般財団法人日本不動産研究所賃料評価研究会編『賃料評価の実務』177頁（清文社、2011）

① **長所**

○ 継続賃料利回りは当該契約当事者の従前賃料の合意時の利回りを前提とするため、個別の契約の特殊性を反映させやすい[5]。

○ 直近合意時点から賃料改定時点まで地価が安定している場合（又は地域要因や個別的要因に特段の変化がないような場合）には、有力な試算方式となり得る[6]。

○ 直近合意時の利回りを尊重しながら時点間の経済情勢の変動を元本価値の変動という形で反映させる手法であり、尊重すべきである（東京地判平成 29 年 12 月 7 日ウエストローの裁判所鑑定における指摘）。

② **短所**

○ 基礎価格の変動と賃料の変動は賃料の遅行性等によりパラレルではないことが一般的であり、元本と果実の相関関係が希薄な地域においては、利回り法を適用することが困難な場合がある（実務指針 246 頁）。

○ 継続賃料利回りの査定については、不動産鑑定士の裁量による部分が大きく、利回りの判断に差が出やすい（実務指針 246 頁）。

○ 地価の変動が著しい場合、価格と賃料との相関関係が希薄にあることがあるため、その場合に基礎価格の変動による影響を試算賃料にダイレクトに反映させると、妥当性を欠く試算賃料となり得る[7]。

○ 継続賃料利回りをそのまま維持することが必ずしも契約当事者の意思に合致しているといえない場合もあり、結果として妥当性を欠く可能性がある[8]。

---

(5) 東京弁護士会法曹同志会編『借地・借家事件の実務』166 頁〔高久尚彦〕（ぎょうせい、2021）

(6) 中島俊輔『不動産鑑定と訴訟実務』231 頁（日本加除出版、2021）

(7) 中島俊輔『不動産鑑定と訴訟実務』231 頁（日本加除出版、2021）

○　現行賃料が判決等によって定まった場合等は、直近の純賃料利回り
に重きを置いて、そのまま継続賃料利回りとすることは妥当ではない
ことがある[9]。

○　利回り法及びスライド法については、直近合意時の賃料額が当時の
賃料相場と比較して不相当なものであった場合、試算額も価格時点の
賃料相場と比較して不相当なものになるという欠点がある（東京地判
令和2年12月3日ウエストロー）。

○　利回り法による試算賃料は、直近合意時の継続利回りを標準とする
ため、支払賃料水準に大きく影響を受けざるを得ないという特性があ
り、適正な賃料相場から乖離する可能性がある（東京地判平成29年
12月7日ウエストローの裁判所鑑定における指摘）。

○　利回り法による試算賃料は、相応の説得力は有するものの、継続賃
料利回りに拘束されるがゆえに説得力に限界がある（東京地判平成29
年10月12日ウエストローの裁判所鑑定における指摘）。

○　利回り法による試算賃料については、建物及びその敷地の使用対価
である家賃が必ずしも元本価格に対する利回りのみに注目して設定さ
れているわけではない点で説得力が弱い側面を有している（東京地判
平成29年7月24日ウエストローの裁判所鑑定における指摘）。

○　利回り法は、従前の合意時の土地及び建物価格と比較した利回りに
基づく算定方式であるところ、本件建物の収益性が著しく低下し、実
際に本件映画館の興行収入が大幅に減少していることに照らすと、土
地及び建物価格に基づく利回りを前提とする利回り法は、本件の実態
を十分に表していないというべきであり、また、商業施設については、

---

(8)　東京弁護士会法曹同志会編『借地・借家事件の実務』166頁〔高久尚彦〕（ぎょ
うせい、2021）

(9)　中島俊輔『不動産鑑定と訴訟実務』251頁（日本加除出版、2021）

土地及び建物価格と賃料の負担力の相関関係に乏しいという面もあることからすると、利回り法を参考にとどめることは合理的である（東京地判平成 29 年 2 月 10 日ウエストロー）。

○　利回り法による試算賃料は、実際実質賃料よりも低く試算されたが、これは最終合意時点から価格時点までの間に、基礎価格のうちで地価が大幅に下落したことを過大に織り込んだ結果であるものと判断され、このような地価下落期においては投資元本価値の下落に伴う損耗分を全て賃貸人に負わせることになり、利益衡量の観点から説得力にやや欠ける（甲府地判平成 24 年 10 月 16 日ウエストローの裁判所鑑定における指摘）。

○　利回り法は、最終合意時点の元本価値と果実の関係を賃料改定時点に反映させる手法で、事情変更を示す有力な手法といえるが、本件では基準時 1 ないし 2 と基準時 3 との間の元本価値がかなり変動しており、適正な価値を示すことの不安定さを有していることは否めない（東京地判平成 23 年 6 月 27 日ウエストロー）。

(3)　裁判例

利回り法に関し、裁判所鑑定の誤りを指摘したものとして、以下の裁判例があります。

○　東京地判平成 28 年 2 月 25 日ウエストローは、「地価の下落率をみると、□□ハイツにおいては、対象不動産と類似性の高い公示地の変動率が平成 6 年 1 月 1 日と平成 23 年 1 月 1 日を価格時点として比較したとき、−37.5 ％であるのに対し、本件建物は、同変動率が平成 5 年 7 月 1 日と平成 24 年 7 月 1 日を価格時点として比較したとき、−60.5 ％に達しており、地価の低下が著しい。原告には、それに伴う公租公課の下落による利益もあるが、今後、経年に応じた修繕費等が増加することが予想され

ることも勘案する必要があると思われる。そして、本件建物の基礎価格を修正した場合の利回り法により得られる試算月額は、裁判所鑑定よりさらに低下し、純賃料利回りもさらに低下することからすると、本件建物は、手法適用上の難点が他事例より大きいと考えられ、本件においては、利回り法の採用はしないのが相当である」と説示しています。

○　大阪高判平成 20 年 4 月 30 日判タ 1287 号 234 項は、「継続賃料利回りが 0.53 ％というのは、商業施設の利回りとしては考え難く、これは、現行賃料額が本件建物の経済価値を反映しない低水準の賃料額であったことに起因するものであり、スライド法によって本件賃貸借契約の個別事情を反映することができることを考慮すると、継続賃料利回りを本件賃貸借契約締結当時の本件建物の基礎価額に対する純賃料の割合のみによって算定することには疑問がある。不動産鑑定評価基準においても、継続賃料利回りは、現行賃料を定めた時点における基礎価格に対する純賃料の割合を標準とし、契約締結時及びその後の各賃料改定時の利回り、基礎価格の変動の程度、近隣地域若しくは同一需給圏内の類似地域等における対象不動産と類似の不動産の賃貸借等の事例又は同一需給圏内の代替競争不動産の賃貸借等の事例における利回りを総合的に比較考量して求めるものとされているから、本件ビルの他のテナントの賃貸事例や高度商業地の賃貸事例の利回りを考慮する必要性があり、その意味で裁判所鑑定の継続賃料利回りは採用できない。そして、高度商業地域の賃貸事例の利回りが 6 ％程度であること（証拠略）に加えて本件賃貸借契約締結時点からの本件建物の基礎価格が 25 ％程度減価していること（鑑定の結果）を総合考慮すると、継続賃料利回りを 2 ％と認めるのが相当である。

　なお、同判決は、試算賃料の重み付けについても、裁判所鑑定が、差額配分法、スライド法、利回り法の比率を 8 対 1 対 1 の割合で加重平均

して本件建物の平成16年2月1日時点の賃料額を評価していたのに対し、「差額配分法、スライド法、利回り法は、継続賃料を算定するに当たってそれぞれ長所と短所を有するところ、本件増額請求による本件建物の相当賃料額をめぐる上記の諸事情を総合すると、各方式による試算額をほぼ均等に考慮するのが相当である」と説示して、裁判所鑑定と異なる考え方に基づいて判断しています。

○　差額配分法のところで述べた名古屋地判平成2年7月13日ウエストローも参照してください。

3 スライド法

Q54

　スライド法というのは、どのような鑑定手法ですか。他の手法と比較して長所、短所があれば教えてください。また、裁判上、この鑑定手法による裁判所鑑定の結果について、誤りがあると指摘された例があれば、教えてください。

(1)　スライド法の内容

　不動産鑑定評価基準によれば、スライド法は、直近合意時点における純賃料に変動率を乗じて得た額に価格時点における必要諸経費等を加算して試算賃料を求める手法であるとされています。直近合意時点の純賃料にそれ以降の社会経済状況の変動を踏まえた変動率を乗じるという手法は、「直近合意時点」以降の「事情変更」を要件とする賃料増減額請求の制度趣旨にも合致するように思われますが、後述するように当事者の個別事情は反映されにくく、事案の特殊性があればあるほど事案に即した結果が得られにくいというデメリットがあります。

　どのような指数を用いて変動率を計算するのか、という点が重要な問題となりますが、鑑定評価基準には、「継続賃料固有の価格形成要因に留意しつつ、土地及び建物価格の変動、物価変動、所得水準の変動等を示す各種指数や整備された不動産インデックス等を総合的に勘案して求めるものとする」とされています。

(2)　スライド法の長所・短所

　スライド法の長所・短所として、一般に次のような点が指摘されていま

す。

① 長所

○ 客観的な経済事情の変動及び公租公課等の賃貸人の費用負担の増減を反映させることに優れており、現行賃料合意時点と価格時点の間において、客観的な経済情勢が変わっている場合には、一定の説得力を有する⁽¹⁰⁾。

○ 合理的な変動率を適用すれば、その後の妥当な継続賃料を求めることが可能となる⁽¹¹⁾。

○ 一般的な資料により客観的に求められるため、支払賃料の継続性を考慮すれば重視すべきと考えられる（東京地判平成29年12月7日ウエストローの裁判所鑑定における指摘）。

② 短所

○ 変動率を基礎付ける指数について、どのような指数を選択し、どのような変動率を適用するのかの合理的な説明が必ずしも明確ではない⁽¹²⁾。

○ 全国的な変動率を適用する場合、地域の事情が反映されない⁽¹³⁾。

○ 現行賃料を定めた時点が不明確な場合は適用困難である⁽¹⁴⁾。

○ 現行の合意賃料の適格性について問題がある場合（合意賃料に強い拘束力を認めることが相当でない場合）に、規範性が劣る⁽¹⁵⁾。

---

(10) 中島俊輔『不動産鑑定と訴訟実務』239頁（日本加除出版、2021）

(11) 東京弁護士会法曹同志会編『借地・借家事件の実務』166頁〔高久尚彦〕（ぎょうせい、2021）

(12) 東京弁護士会法曹同志会編『借地・借家事件の実務』167頁〔高久尚彦〕（ぎょうせい、2021）

(13) 東京弁護士会法曹同志会編『借地・借家事件の実務』167頁〔高久尚彦〕（ぎょうせい、2021）

(14) 中島俊輔『不動産鑑定と訴訟実務』239頁（日本加除出版、2021）

○ 利回り法及びスライド法については、直近合意時の賃料額が当時の賃料相場と比較して不相当なものであった場合、試算額も価格時点の賃料相場と比較して不相当なものになるという欠点がある（東京地判令和2年12月3日ウエストロー）。

○ スライド法では、契約締結に至る経緯等、選択した指数以外の事情を十分に考慮することができない場合がある。

○ 従前賃料の据置期間が短期間の場合などにおいては規範性を有する場合もあるが、①従前賃料の据置期間が約5年半であり、通常の賃料改定サイクルの2回程度に相当する長期間が経過していること、②一般的な経済指標等をもって本件賃貸借契約の個別的なスライド変動率（賃料乖離の程度等に応じて水準是正する変動率）を別途把握することが現実に困難であり、便宜的に消費者物価指数を採用していることを考えあわせると、適正賃料の算定に当たり、スライド賃料は参考程度に考慮するのが相当である（大阪高判平成30年6月28日ウエストロー）。

○ スライド法による試算賃料は、当該地域の賃料水準の推移等の地域性及び直近合意時における個別的事情を適格に反映させることに困難な側面がある（東京地判平成29年12月7日ウエストローの裁判所鑑定における指摘）。

○ スライド法よる試算賃料については、客観性は高いものの、やや画一的であり、本件建物に係る市場の特性、契約の個別性、地域の特性等が反映され難いという側面を有している（東京地判平成29年7月24日ウエストロー）。

○ スライド法は、現行賃料の合意に対して強い拘束力を認めることが

---

(15) 中島俊輔『不動産鑑定と訴訟実務』252頁（日本加除出版、2021）

相当でない場合には合理性に乏しい手法である（東京地判平成29年7月24日ウエストロー）。

○　スライド法は、契約当事者間において過去に合意した賃料を尊重し、その間の経済情勢の変化を賃料に反映する方法であり、客観性は高いものの、現況におけるスーパーマーケット店舗の賃料の変動を経済指数、物価指数、家賃変動、経費変動により示しているが、実態を表しているかどうか不明な部分が認められ、また、賃貸借契約当事者間の個別性が反映されず、やや賃料の的確性に問題が多い（東京地判平成23年6月27日ウエストロー）。

（3）　裁判例

スライド法に関し、裁判所鑑定の誤りを指摘したものとして、名古屋地判令和元年7月26日ウエストローは、裁判所鑑定について、変動率の算出に当たり、採用した各指数が消費税増税の影響を受けていることを十分に考慮していないと指摘しています。

4 賃貸事例比較法

Q55

　賃貸事例比較法というのは、どのような鑑定手法ですか。他の手法と比較して長所、短所があれば教えてください。

(1)　賃貸事例比較法の内容

　不動産鑑定評価基準によれば、賃貸事例比較法は、新規賃料に係る賃貸事例比較法に準じて試算賃料を求める手法であるとされています。新規賃料に係る賃貸事例比較法は、まず多数の新規の賃貸事例を収集して適切な事例の選択を行い、これらに係る実際実質賃料（ Q49 ）に必要に応じて事情補正及び時点修正を行い、かつ、地域要因の比較及び個別的要因の比較を行って求められた賃料を比較考量し、これによって対象不動産の試算賃料を求める手法をいい、この手法によって求められた試算賃料を「比準賃料」ともいいます。

　賃貸事例比較法は、現に類似物件において成約事実があるということは、当事者に対して説得力があり、和解や調停の場面では有力な材料となりますが、厳密に類似事案の有無や、類似といっても完全に一致するわけではないことから一定の補正をしなければならず、どのように補正するのかが問題となります。

　相手方が提出してきた不動産鑑定評価書における賃貸事例比較法に基づく試算賃料の正当性を精査するには、相手方の不動産鑑定評価書で採用されている取引事例の具体的内容を把握することが有用ですが、一般に不動産鑑定評価書には一部の情報しか記載されておらず、作成した不動産鑑定士も守秘義務等を理由にこれを明らかにしないことがあります。もっとも、

一般に不動産鑑定士は、公益社団法人日本不動産鑑定士協会連合会（日鑑連）が収集管理している取引事例の中から事例を取得するところ、不動産鑑定士が鑑定評価等業務を目的として日鑑連から事例資料を取得した場合には、当該資料取得が適正に行われたことを証するため、日鑑連より発行を受けた「履歴管理票」の原本を不動産鑑定評価書に添付することとされています。そして、不動産鑑定士であれば、この「履歴管理票」に記載の情報に当たることで、相手方が具体的にどのような取引事例を用いているのか調査できる場合もありますので、状況によっては不動産鑑定士を通じてそのような調査をしてみてもよいでしょう。

(2) 賃貸事例比較法の長所・短所

賃貸事例比較法の長所・短所として、一般に次のような点が指摘されています。

① 長所

- ○ 対象不動産について、同一需給圏内において類似の契約条件の賃貸事例を相当程度収集することができ、適切に比較ができた場合は、これにより試算された比準賃料は、一定の妥当性を有するといえる[16]。
- ○ 当該事案と類似性が高い事例が多ければ多いほど説得的な結論を得られる[17]。
- ○ 市場性を十分反映したものであり、重視すべきと考えられる（東京地判平成29年12月7日ウエストローの裁判所鑑定における指摘）。
- ○ 賃貸事例比較法は、現実の賃貸市場において、貸手と借手とにより成立した実際の継続賃料を基礎として本件建物の賃料を求めるもので

---

(16) 中島俊輔『不動産鑑定と訴訟実務』247頁（日本加除出版、2021）

(17) 東京弁護士会法曹同志会編『借地・借家事件の実務』167頁〔高久尚彦〕（ぎょうせい、2021）

あり、実証的である。そして、本件で採用したのは賃貸事例 1 事例の
みであったが、これは大規模小売店舗という用途の同一性のみならず、
場所的同一性や建物の経過年数の点で本件建物と類似性が高い。また、
賃貸事例の比準利回りを本件不動産の基礎価格に乗じて比準賃料を求
めており、賃貸事例と本件建物の場合との格差を客観的に反映してい
る（東京地判平成 23 年 6 月 27 日ウエストロー）。

② **短所**

○ 継続賃料固有の価格形成要因についての考慮が十分に行われずに試
算賃料を求めると、不適切な賃貸事例の選択や要因比較がなされたり、
不動産鑑定士の裁量によって試算賃料が大きく異なったりするおそれ
がある（実務指針 248 頁）。

○ 継続賃貸事例は、新規賃貸事例に比べ圧倒的にその数は少なく、し
かも個別性（契約条件、更新時の状況、賃貸人の賃料改定方針等）が
強い。また契約内容の調査にも限界があり、仮に契約内容が判明した
としても、その事情を客観的基準により実質賃料の個別格差に反映さ
せることは容易な作業ではない[18]。

○ 個別性の強い事案などの場合には比較に適した事例を探すことが困
難であり、比較対象となる事例の過多によって大きく結論が異な
る[19]。

○ 本件鑑定において採用された賃貸事例は必ずしも本件建物と完全に
類似するものではなく、比準する際の格差補正等に困難な面がある
（東京地判平成 29 年 12 月 7 日ウエストローの裁判所鑑定における指
摘）。

---

(18) 中島俊輔『不動産鑑定と訴訟実務』247 頁（日本加除出版、2021）

(19) 東京弁護士会法曹同志会編『借地・借家事件の実務』167 頁〔高久尚彦〕（ぎょ
うせい、2021）

○　賃貸事例比較法による試算賃料については、実証的ではあるものの、賃料を比準する際には、契約条件の個別性、契約の締結及び更新に係る経緯等の比較が困難な側面を有している（東京地判平成29年7月24日ウエストローの裁判所鑑定における指摘）。

○　賃貸事例比較法による賃料は、対象不動産と類似する大規模店舗の事例資料の入手が極めて困難であるほか、賃貸借契約の継続に当たっては貸主・借主の個別的事情に左右され個別性が強いことから比準に困難が伴うことは否めない（甲府地判平成24年10月16日ウエストロー裁判所鑑定における指摘）。

(3)　裁判例

　賃料増減額請求の事件では、対象物件に特殊性があるためにそもそも比較可能な同種事例もなく、当事者間の協議が思うように進まないというケースもあり、不適当な事例に基づき強引に賃料試算を行うことはかえって不動産鑑定評価書全体の信用性を減殺しかねないため、当事者や裁判所の鑑定でも的確な比較事例が見当たらないとして賃貸事例比較法に基づく賃料試算を断念するケースも珍しくありません。

　例えば、東京地判平成20年12月5日ウエストローは、百貨店用の大規模建物の賃料増額請求の事案で、「賃貸事例比較法は、賃貸借等の市場が成熟し、本件賃貸借契約と類似性のある賃貸事例を一定数収集できる地域でなければ、適切に適用できないという限界を元々有するものであるから、本件鑑定において賃貸事例比較法を適用していないのはやむを得ないというべきであって、賃貸事例比較法の適用のないことの一点をもって本件鑑定全体の相当性及び正確性を否定することはできない」としています。

　また、東京地判平成23年1月27日ウエストローは、対象建物の所在地がJR山手線の渋谷駅から徒歩12分ほどの住商混在地域で、対象建物のよ

うな築後約37年を経過した鉄筋コンクリート造6階建て建物についての、1階部分店舗の継続賃料の賃貸事例を入手することは困難と考えられ得るから、この方式が採用されていないからといってこの鑑定の結果を不合理なものということはできないとして、賃貸事例比較法を除外して適正賃料を評価した裁判所鑑定の妥当性を認めています。

　もっとも、不動産鑑定評価基準上は、「複数の鑑定評価の手法の適用が困難な場合においても、その考え方をできるだけ参酌するように努めるべきである」（総論第8章・第7節）とされているため、筆者としては、適切な事例の収集が困難であるとして安易に賃貸事例比較法に基づく賃料試算を除外するのではなく、計算自体は行った上でその妥当性を検証することは必要と考えます。

＜参考文献一覧＞

- 天海義彦ほか編『不動産の権利調整をめぐる実務』（新日本法規、2020）
- 幾代通＝広中俊雄編『新版注釈民法（15）債権（6）増補版』（有斐閣、2001）
- 石川明＝梶村太一編『注解民事調停法』（青林書院、1993）
- 一般財団法人日本不動産研究所賃料評価研究会編『賃料評価の実務』（清文社、2011）
- 一般財団法人法曹会『最高裁判所判例解説民事篇（平成26年度）』（法曹会、2017）
- 稲本洋之助＝澤野順彦編『コンメンタール借地借家法（第3版）』（日本評論社、2010）
- 上田徹一郎『民事訴訟法（第7版）』（法学書院、2011）
- 大島大容ほか編『地代・家賃改定の実践手法』（清文社、2020）
- 小川英明ほか編『事例からみる訴額算定の手引（三訂版）』（新日本法規、2015）
- 香川保一＝井口牧郎『借地法等改正関係法規の解説（改訂版）』（法曹会、1974）
- 裁判所職員総合研修所監修『民事実務講義案Ⅰ（五訂版）』（司法協会、2016）
- 篠田省二編『現代民事裁判の課題⑥借地・借家、区分所有』（新日本法規、1990）
- 杉原則彦「地代等自動改定特約と借地借家法11条1項」（ジュリスト1256号184頁）
- 谷口知平＝甲斐道太郎編『新版注釈民法（18）債権（9）』（有斐閣、1991）
- 田山輝明ほか編『新基本法コンメンタール　借地借家法【第2版】』（日本評論社、2014）
- 筒井健夫＝村松秀樹編著『一問一答　民法（債権関係）改正』（商事法務、2018）
- 東京地裁債権執行等手続研究会編『債権執行の諸問題』（判例タイムズ社、1994）
- 東京弁護士会不動産法部『マンション・オフィスビル賃貸借の法律相談』（青林書院、2013）
- 東京弁護士会法曹同志会編『借地・借家事件の実務』（ぎょうせい、2021）
- 中川善之助＝兼子一監『不動産法体系Ⅲ借地・借家（改訂版）』（青林書院新社、1975）
- 中島俊輔『不動産鑑定と訴訟実務』（日本加除出版、2021）
- 廣谷章雄『借地借家訴訟の実務』289頁（新日本法規、2011）
- 福田剛久「『民事調停法の一部を改正する法律及び民事調停規則の一部を改正する規則』の概要」（判例タイムズ785号25頁）
- 渡辺晋『実務家が陥りやすい　借地借家の落とし穴』（新日本法規、2020）

用語索引

た

は

【著者略歴】

永岡　秀一（ながおか　しゅういち）

明治大学法学部法律学科卒業。2001年から2008年まで裁判所職員（裁判所事務官、裁判所書記官）として勤務。在職中に旧司法試験に合格し、司法修習を経て2009年に弁護士登録、シティユーワ法律事務所に入所。2021年1月に同事務所のパートナー就任。

不動産紛争案件のみならず、インターネットビジネス、システム開発、商事関係訴訟、損害賠償請求事件などの多様な紛争案件について、裁判所職員としての執務経験も踏まえて、迅速かつ適正な解決に向けて日々尽力している。

奥原　靖裕（おくはら　やすひろ）

一橋大学法学部卒業、一橋大学法科大学院（ビジネスロー・コース）修了。2009年に弁護士登録、シティユーワ法律事務所に入所。2021年1月に同事務所のパートナー就任。

企業を当事者とする紛争解決全般を取り扱っており、分野としては不動産、建築、金融取引、会社組織、労働、システム開発、製造物責任を含めて多岐にわたる。これまで携わった紛争解決に関する知識と経験を踏まえた日常的なリーガルサポートのほか、行政対応、不正対応に関するリーガルサービスも提供している。

著者との契約により検印省略

令和4年8月31日　初版発行

55のケーススタディでわかる
テナント賃料増減額
請求の手引き

著　　者　　永岡秀一・奥原靖裕
発 行 者　　大　坪　克　行
印 刷 所　　美研プリンティング株式会社
製 本 所　　牧製本印刷株式会社

発 行 所　　〒161-0033　東京都新宿区
　　　　　　下落合2丁目5番13号

株式会社　税 務 経 理 協 会

振替　00190-2-187408
FAX（03）3565-3391

電話（03）3953-3301（編集部）
　　（03）3953-3325（営業部）

URL　http://www.zeikei.co.jp/
乱丁・落丁の場合は，お取替えいたします。

ISBN978-4-419-06872-1　C3034